SOUS SURVEILLANCE

D1227774

ATSA
QUAND L'ART PASSE

En vous souhaitant un
merveilleux temps des fêtes
Bonne lecture!

À L'ACTION (1998–2008)

ATSA WHEN ART TAKES ACTION

ATSA : QUAND L'ART PASSE À L'ACTION
ATSA : WHEN ART TAKES ACTION

Édition Publishing
ACTION TERRORISTE SOCIALEMENT
ACCEPTABLE (ATSA)
SOCIALLY ACCEPTABLE TERRORIST ACTION

Cofondateurs Co-founders
PIERRE ALLARD, ANNIE ROY
4430, rue Drolet, Montréal
(Québec) H2W 2L8
T (514) 844-9830   F (514) 844-4674
info@atsa.qc.ca   www.atsa.qc.ca

Coordination de la publication
Publication Coordination
SONIA PELLETIER

Révision et correction d'épreuves
Editing and Proof-reading
DENIS LESSARD & COLETTE TOUGAS

Tranduction Translation
NAZZARENO BULETTE

Conception graphique Graphic Design
ORANGETANGO

Impression Printing
K2 IMPRESSIONS

Distribution pour le Québec et le Canada
Distribution in Quebec and Canada
EDIPRESSE
945, avenue Beaumont
Montréal (Québec) H3N 1W3
T (514) 273-6141   F (514) 273-7021
1 800 361-1043
information@edipresse.ca
www.edipresse.ca

Dépôt légal Legal Deposit

4ᵉ trimestre 2008 4ᵗʰ trimester 2008
BIBLIOTHÈQUE NATIONALE DU QUÉBEC
BIBLIOTHÈQUE NATIONALE DU CANADA
NATIONAL LIBRARY OF CANADA

ISBN 978-2-9810610-0-3

©Les auteur(e)s Writers, Action Terroriste
Socialement Acceptable (ATSA), 2008
Tous droits réservées All Rights reserved

Catalogage avant publication
de Bibliothèque et Archives
nationales du Québec et Bibliothèque
et Archives Canada

Vedette principale au titre :

ATSA : quand l'art passe à l'action
= when art takes action

Comprend des réf. bibliogr.
Texte en français et en anglais.

ISBN 978-2-9810610-0-3

1. Action terroriste socialement
acceptable (Organisme). 2. Art et société.
3. Environnement - Protection.
4. Changement social. I. Sioui Durand,
Guy. II. Action terroriste socialement
acceptable (Organisme).

N6545.5.A37A87 2008
709.714'09049
C2008-941428-4F

Cette publication est soutenue
financièrement par le Conseil des arts et
des lettres du Québec et par le Conseil des
Arts du Canada (Bureau Inter-arts)

Bibliothèque et Archives nationales du
Québec and Library and Archives Canada
cataloguing in publication

- -

Main entry under title :

ATSA : quand l'art passe à l'action
= when art takes action

Includes bibliographical references.
Text in French and English.

ISBN 978-2-9810610-0-3

1. Action terroriste socialement
acceptable (Organization). 2. Art and
society. 3. Environmental protection.
4. Social change. I. Sioui Durand, Guy.
II. Action terroriste socialement
acceptable (Organization).

N6545.5.A37A87 2008
709.714'09049
C2008-941428-4E

This publication has received financial
support from the Conseil des arts et des
lettres du Québec and the Canada Council
for the Arts (Inter-Arts Office)

100 %

FSC

Recycled
Supporting responsible
use of forest resources

Cert no. SGS-COC-2640
www.fsc.org
© 1996 Forest Stewardship Council

BIO GAZ

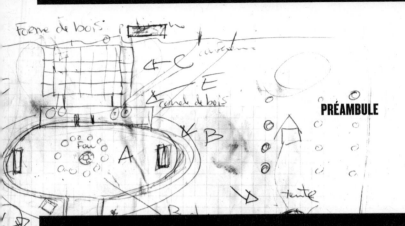

Cette année marque dix ans de production atsaïenne ! Nous ne pensions pas que cela passerait si vite. En dix ans, nous avons produit plus d'une vingtaine d'interventions urbaines et neuf éditions d'<u>État d'Urgence</u>. Ces créations nous ont projetés dans des univers, des expériences et des apprentissages qui nous ont profondément transformés. Nous sentons aujourd'hui le besoin de rassembler le tout, d'en faire une publication, de laisser une trace concrète de toutes ces interventions qui ont été, pour la plupart, ponctuelles mais qui sont encore tellement d'actualité. L'occasion nous permet non pas de tourner la page, mais de prendre du recul et de donner la parole autrement à ces œuvres qui nous parlent toujours. ◆ Nous voulions également redonner vie à ces images d'archives et à ces artefacts, les mettre en lien avec la pensée de grands communicateurs qui, dans leurs propres champs d'action, nous ont permis, à nous grand public, de mieux comprendre les enjeux qui ont motivé nos réalisations. Merci donc à Sami Aoun, Patrick Beauduin, Dinu Bumbaru, Guy Sioui Durand, Steven Guilbeault, Louis Hamelin, Louis Jacob, Jean Lemire, Patrice Loubier et Laure Waridel, de nous livrer ces textes qui renvoient à notre démarche ou à l'un de nos projets. Il s'agit non seulement de témoignages, mais aussi de documents instructifs qui reconnaissent l'apport de l'art dans le processus de changement du monde, et ce simplement par leur présence en ces pages. En tant que personnalités reconnues

dans le paysage médiatique, vous invitez vous aussi le public à s'intéresser à l'art. La boucle est bouclée : l'art est dans le monde et le monde est dans l'art ! ◆ Nous nous sommes aussi permis, en bons terroristes que nous sommes, d'intervenir sur vos textes. Non pas pour les dénaturer mais pour ajouter réflexions et anecdotes, et pour souligner le fait que l'ATSA aime toucher et réfléchir sur plusieurs plans à la fois. ◆ Cette publication est lancée dans le cadre d'une intervention intitulée CHANGE. Le texte de Patrick Beauduin y fait référence. CHANGE prend l'ATSA en cobaye pour explorer le monde de la mise en marché et, plus largement, de l'économie. ◆ L'ouvrage permet non seulement de poser un regard sur l'identité de l'ATSA dans son ensemble, mais aussi de resituer les enjeux toujours cruciaux qui mènent le monde. ◆ Il y aurait beaucoup de noms à citer, mais nous nous limiterons à remercier plus particulièrement les collaborateurs de cette publication et tous ceux et celles qui participent de proche ou de loin à la mise en vie des projets : les ami(e)s, la famille, les membres et bénévoles, les partenaires et commanditaires et, bien sûr, la belle équipe de l'ATSA qui grandit !

PIERRE ALLARD ET ANNIE ROY

PREAMBLE This year, we celebrate ten years of ATSA terrorist action! Little did we know the time would simply fly by. In the past decade, ATSA has produced over 20 urban interventions and nine editions of *État d'Urgence*. These works have thrown open the door to knowledge, experiences and connections we could not have imagined, and we as human beings have been deeply transformed in the process. Now, the time seems apt to assess our body of work. This publication reflects our desire to leave behind a tangible trace of what have otherwise been, for the most part, episodic events—yet oh how topical they remain to this day. This, then, is not a turning of the page, but a step back to take it all in and to reconsider and revisit works which remain vital and relevant today. ◆ With this anthology, we also hope to breathe new life into the archival material and artifacts by juxtaposing them alongside the insights of today's influential leaders in their respective fields, expert communicators able to give the general public a better understanding of the issues which inform our work. Thus, we are much indebted to Sami Aoun, Patrick Beauduin, Dinu Bumbaru, Guy Sioui Durand, Steven Guilbeault, Louis Hamelin, Louis Jacob, Jean Lemire, Patrice Loubier and Laure Waridel for their contributions to this volume, each text related in some way to our artistic process or to one of our projects. More than endorsements, your texts are instructive documents in their own right which recognize, simply by their very presence within these pages, the value of art in the attempt to effect change in the world. As public figures in the media spotlight, you are thus using your influence to help develop the public's interest in art, thereby putting the "popular" back into popular art! ◆ We would not be terrorists worthy of the moniker if we had not allowed ourselves the transgression of modifying your texts. Not to adulterate them in any way, naturally, but to add our thoughts and anecdotes, and to emphasize the fact that ATSA revels in acting and thinking on multiple planes all at once. ◆ This publication is being launched as part of an intervention called *CHANGE*. Patrick Beauduin's text refers to it. *CHANGE* sees ATSA play the role of willing guinea pig as it explores the world of marketing and, on a broader scale, of the economy. ◆ The volume enables not only a glimpse into ATSA and the forces which compel it, but also serves as an update on the issues still so critical in shaping today's world. ◆ An exhaustive list of acknowledgements would be unwieldy. Instead, we focus here on thanking those souls who contributed to this publication and saw it through to fruition, as well as those benefactors who, directly or indirectly, help make our projects reality: our friends and families, ATSA's army of volunteers, its partners and sponsors, and, naturally, the growing ATSA team!

SONIA PELLETIER

À L'ORIGINE D'UNE RENCONTRE AVEC L'ATSA

La première fois que j'ai été témoin du travail de l'ATSA, un duo d'artistes que je ne connaissais pas, c'est par la voie des médias, puis *de visu* lors du projet *La Banque à Bas* qui faisait événement au Musée d'art contemporain de Montréal en 1998. Leur intervention était d'un naturel si convaincu et convaincant, tant dans l'espace médiatique que dans son déroulement réel, que j'ai cru presque immédiatement à la résurgence d'un art social très près de celui dont la ferveur avait marqué l'art au Québec dans les années 1970. À la différence qu'il était clair et convenu qu'il ne s'agissait pas d'un mouvement collectif pris en charge par l'ensemble des artistes comme c'était le cas à l'époque. Ici, il n'y avait pas l'appui des structures partisanes avec leurs organes de communication. Il y avait autre chose qui, je crois, sera largement bien rendu et explicite en ce livre. Autre chose qui promettait une mutation, une transformation des débats, une manière changée de défendre les droits primordiaux du genre humain. À l'ère de l'individualisme et de l'information, j'ai plutôt ressenti cette démarche comme étant un moment privilégié, précieux et bienvenu dans le champ de l'art où se profilait lentement un nouveau développement des pratiques artistiques dans l'espace public en collaboration et en interaction avec le citoyen. L'impact du projet nous a donné raison; il a donné lieu au populaire *État d'Urgence* dont plusieurs éditions ont eu lieu jusqu'à maintenant. Avec l'ATSA, la question du rôle de l'artiste, sa responsabilité et son engagement dans la société, est revenue interpeller. J'ai repensé à l'art comme lieu d'échange. À l'artiste comme citoyen du monde.

Et puis aujourd'hui, en travaillant de concert avec l'ATSA sur ce livre où les discussions ont été nombreuses au-delà de l'objet livre à produire, la sempiternelle question « Est-ce que l'art peut changer le monde ? » n'a cessé de m'habiter à nouveau. Ramener ce lien social dans l'art : quel pouvait en être l'accomplissement ? Quelles en sont ici la mutation et l'originalité au-delà de la forme ? En plus des compétences artistiques, l'ATSA est aussi un véritable organisateur d'événements, à cheval entre l'acteur social et l'activiste. Il m'est apparu que c'est dans cette mouvance actuelle que se développe la relation et que peut avoir lieu la rencontre.

Dans cette publication anniversaire, ont été conviés les auteurs théoriciens Guy Sioui Durand, qui brosse un portrait des dix années d'interventions en art engagé de l'ATSA, Louis Jacob, qui mène une fine analyse sur l'art et l'errance associée au projet *État d'Urgence*, et Patrice Loubier, qui livre une réflexion sur la ville vécue entre la mémoire et l'oubli.

Afin que les débats se poursuivent et que les rencontres se multiplient, des collaborations liées aux causes sociales et environnementales alimentent cet ouvrage. Ainsi, bien que certains sujets ne nous convient pas à la fête, nous avons aussi le plaisir de lire en ces pages une alerte à notre société de surconsommation de Laure Waridel, une sensibilisation au patrimoine bâti et à la mémoire propres à la ville de Dinu Bumbaru et un rappel fort touchant de Jean Lemire des traces laissées par l'homme, grand responsable du réchauffement de la planète. Par ailleurs, Sami Aoun réussit une synthèse géopolitique instructive des guerres mondiales en région pétrolière et Steven Guilbeault insiste sur l'urgence de la réduction de notre dépendance aux combustibles fossiles. L'écrivain Louis Hamelin, quant à lui, nous entraîne sur un ton dénonciateur et très affirmé dans un texte lié notamment aux principaux faits historiques associés au Sommet sur la forêt de Québec, sur le rapport Coulombe et son incidence sur les animaux.

Enfin, Patrick Beauduin a accepté l'invitation d'élaborer sur l'image, sur les modes de communication et sur l'identité même qui se dégage de l'ATSA et qui s'inscrit au cœur de la stratégie marketing du projet *CHANGE* dans lequel ce livre est lancé. Mais cela, c'est une autre histoire qu'il faudra suivre…

Pour compléter l'ensemble des propos énoncés, je me suis entretenu avec le collectif afin d'en apprendre davantage sur leurs motivations, sur leur processus de création ainsi que sur leur conception du monde actuel pour rendre visible ce qui est intrinsèque aux œuvres.

Aussi par solidarité pour une future communauté de lecteurs, de penseurs, d'adeptes actifs et bouleversés. Pour continuer de mener le débat par l'art comme lieu d'échange.

Parce que le débat doit continuer puisque que les injustices demeurent et qu'un combat, c'est pour la vie.

SONIA PELLETIER **Annie et Pierre, vous n'avez pas choisi le chemin habituel pour faire votre entrée dans le monde de l'art. Quelles ont été au fait vos principales motivations en 1997 au tout début de la formation de l'Action terroriste socialement acceptable (ATSA)?**

ATSA Le projet de la *La Banque à Bas* était un pied de nez au « monde de l'art ». Le Musée d'art contemporain de Montréal proposait l'exposition « De fougue et de passion » sur la relève de l'art actuel au Québec, et il ne semblait pas y avoir de reconnaissance de l'art interventionniste, lequel se manifeste le plus souvent dans la rue. Bien que *La Banque à Bas* soit avant tout une œuvre dénonciatrice et réactive face à l'écart entre les besoins des pauvres et les moyens des riches, c'est cette exposition même qui a tracé notre stratégie dite terroriste.

Dans un premier temps, nous avons demandé au Musée de devenir l'un des points de chute de notre collecte de bas qui avait également été diffusée dans le journal *Voir* la semaine précédente. Cette présence nous a permis de déjouer la sécurité lorsque la grue est allée déposer, illégalement, la structure de *La Banque à Bas* à l'extérieur, devant le Musée.

Nous avons ensuite trafiqué l'affiche en enfilant un bas de laine à cette belle jambe affriolante et en changeant le titre pour « De peine et de misère » et l'avons distribuée dans des lieux culturels et des refuges pour sans-abri

Ainsi, la présence d'une foule imposante (artistes, sans-abri, passants) et de nombreux médias stimulés par nos envois massifs depuis au moins une semaine a légitimé notre action et nous a permis d'occuper ce lieu hautement symbolique (culturel et économique) pendant plus de trois mois. À notre vernissage, on ne donnait pas des petits-fours mais des bas chauds et de la soupe de la Old Brewerie Mission!

Nous nous sommes mis un pied dans la porte et avons forcé notre entrée dans ce monde de l'art, tout en lui ripostant dans les faits. En implantant devant le musée cette structure interactive lourde, au sens propre et figuré, et supportés par la médiatisation,

nous n'étions pas faciles à déloger. Il y a eu ensuite l'envoi d'un manifeste à monsieur Brisebois, alors directeur du MACM, qui a forcé la négociation. Nous squattions désormais l'exposition. *La Banque à Bas* a été démantelée et il y a eu la présentation d'un show dans la rotonde du MACM!

Cela dit, cette intervention ne se voulait pas une attaque contre l'institution muséale comme telle. En fait, nous n'avons pas alerté les médias en ce sens. Il y avait là une cause qui méritait plus de visibilité que notre petit jeu artistique. On ne veut pas créer pour s'adresser à un monde en particulier; on crie ce qu'on a à crier et la dérision est de la partie.

Avec cette première intervention orchestrée dans l'urgence et qui est l'acte fondateur de l'ATSA – une cause à défendre, un contexte de présentation intégré à l'œuvre, un message, une symbolique de juxtaposition d'images avec des référents clairs et un titre choc, un mécanisme interactif qui implique un échange avec l'autre, un aspect spectaculaire dans l'espace urbain, la recherche d'une résonance médiatique du genre « actualités », un mode de production de type activiste –, il n'y avait aucun plan de carrière. Il y avait surtout une réaction à l'indécence de même que la volonté d'être visibles autrement. On aurait pu en rester là, mais la vie nous a soudés. On est tombés enceinte et on a décidé de faire notre vie ensemble, c'est tout. C'est donc devenu un projet de vie... un projet de société.

AN ENCOUNTER WITH ATSA My initial exposure to the work of ATSA, a duo of artists I had never heard of, was through the media; later, I was able to attend the *La Banque à Bas* event at the Musée d'art contemporain de Montréal in 1998. Their intervention was so authentic, they were so convinced and convincing both in the media and throughout the actual unfolding of the event, that I too was practically convinced on the spot—convinced that I was witnessing the resurgence of a type of social art quite similar to one whose fervour had left an indelible footprint on Quebec art in the 1970s, the only difference being that it was clear and understood that here was not a collective movement run by all artists, as had been the case back then. For ATSA, there would be no support from partisan organizations and their communications apparatus. There was something else, though, something I trust will be suitably described and made explicit in this book. Something that held the promise of change, a shift in the debate, a different way of protecting and upholding basic human rights. In this the age of information, and of individualism, I experienced their intervention as a privileged and welcome moment in the field of art, for one could sense the slow dawn of an evolution in artistic practices within the public space, a transformation manifested as an interaction, a partnership almost, with the citizen. The impact of *La Banque à Bas* proved me right: the event spawned the popular *État d'Urgence* (State of Emergency), which has to date known several editions. With ATSA, the debate over the role of artists and their responsibility and commitment toward society reared its head once more. I began anew to view art as a forum for discussion. And the artist as a citizen of the world.

And then today, as I was working with ATSA on this book, the focus of many a conversation besides those concerning the strictly logistical considerations of its physical coming about, the never-ending question "Can art change the world?" surfaced within me once more. To again produce an art with a social edge—to what end? Beyond purely aesthetic considerations, where are the change and the originality to be found? In addition to its artistic acumen, ATSA is a true impresario, bridging the divide between the role of the social protagonist and that of the activist. It became clear to me that it is within this contextual ebb and flow that a relationship may flourish and a dialogue may arise.

This anniversary publication features contributions from three theoretical authors: Guy Sioui Durand provides a portrait of ATSA's ten years of engaged-art interventions; Louis Jacob offers a nuanced analysis of art and wandering based on his observations of *État d'Urgence;* and Patrice Loubier shares his thoughts of the city on the cusp between memory and oblivion.

To spur on-going debate and dialogue, key figures from the social and environmental realms have also weighed in. While some of the topics they broach do not lend themselves to conviviality, we may yet take pleasure in reading Laure Waridel's clarion call to our hyperconsumerist society; Dinu Bumbaru's essay on the importance of the built heritage and memory of our city; Jean Lemire's poignant reminder of man's massive environmental footprint with respect to global warming; Sami Aoun's instructive geopolitical analysis of war in the oil-rich Middle East; Steven Guilbeault's passionate plea for reducing our dependence on the black gold; and writer Louis Hamelin's critical and denunciatory examination of the general history underlying the Summit on the Future of Quebec's Forest Sector and the Coulombe Report, and the latter's effect on animal populations.

Finally, Patrick Beauduin supplies a probing commentary on the image, the modes of communication and the very identity of ATSA, an analysis which is at the core of the marketing strategy for the *CHANGE* project, within whose framework this book appears. But then again, that is a story-in-progress, to be continued...

To round off the collection, an interview I conducted with the art collective provides further insight into the motives, creative process, and worldview that inform ATSA's works.

This book is equally intended as a solidary reaching out to a future community of concerned readers, intellectuals, and movers and shakers, in order that art may continue to serve as a platform and instigator for debate.

For continue the debate must, simply because injustice still exists all around. And undoing it is a life-long battle.

SONIA PELLETIER **Annie and Pierre, you did not take the conventional approach to making an entrance into the art world. What were the main factors that drove you to found Action terroriste socialement acceptable (ATSA) in 1997?**

ATSA The *La Banque à Bas* project was a thumb of the nose to the "art world." The Musée d'art contemporain de Montréal was presenting the exhibition *De fougue et de passion* on Quebec's up-and-coming avant-garde artists, but it seemed not to acknowledge interventionist art, which is most often manifest in the street. Although *La Banque à Bas* was above all a reaction to, and a denunciation of, the gulf between the needs of the poor and the means of the rich, it did set the tone for our future so-called terrorist strategy.

First, we asked the Musée to become one of the drop-off points for our sock drive, which had also been mentioned in the previous week's *Voir* paper. This enabled us to get around security when the crane deposited—illegally—the *Banque à Bas* structure outside, in front of the Musée.

Next, we rigged the poster by putting a wool sock on that nice sexy leg and changing the exhibition name to *De peine et de misère* ("of pain and suffering"), and we distributed it in cultural venues and shelters for the homeless.

Thus, our weeklong-plus promotional mailing blitz attracted a large crowd (comprised of artists, homeless people, passers-by) and numerous media, which legitimized our action and allowed us to occupy this highly symbolic (culturally and economically) site for over three months. At our vernissage, instead of handing out hors d'oeuvres, we were giving away warm socks and soup from the Old Brewery Mission!

Our foot was in the door and we pushed our way into the art world, even as we constituted a thorn in its side. We had implanted in front of the museum this interactive structure that was heavy, both in the literal and figurative sense, and along with the media exposure, it guaranteed we were not to be easily removed. We sent a manifesto to Mr. Brisebois, then director of the Musée, which forced him to negotiate with us. Because we

S. P. En dehors des instances culturelles qui les légitiment, vos interventions sont intrinsèquement liées aux enjeux sociaux et environnementaux faisant maintenant partie de notre vie quotidienne. Dans cette équation de l'art et de la vie, comment l'ATSA vit-elle cette infiltration de l'espace public dans celui du privé?

ATSA Même quand nous créons à partir d'enjeux collectifs, l'art reste un geste intime. Qu'un artiste choisisse de parler de sa dernière peine d'amour ou des changements climatiques, il y a en lui une rage de dire, l'espoir que quelqu'un s'y reconnaîtra et qu'on ne soit plus seul avec son drame intérieur.

Notre relation en a immédiatement été une de création. La première fois que nous avons passé une journée ensemble, nous avons construit des labyrinthes de feuilles mortes sur le mont Royal. Nous nous étions mis à l'écart pour observer les gens devant cette installation construite à partir de matériaux accessibles sur place. Les passants allaient-ils se jeter dedans? La contourner? S'arrêter pour l'étudier? Tous ces scénarios se sont réalisés! Et nous nous sommes bien amusés, sentant une énergie commune, une témérité. Et nous nous sommes revus jusqu'au jour où nous avons entendu aux nouvelles que les banques canadiennes affichaient des profits de 7,5 milliards et que La Maison du Père avait besoin de 107 paires de bas par jour pour ses itinérants. Une dimension symbolique nous a frappés : la banque, les bas... LA BANQUE À BAS! Les bas, la banque... À BAS LA BANQUE! Slogan militant, explosion de révolte, envie de tout faire sauter, mais incapacité de vivre avec les conséquences d'une terreur qui toucherait des innocents : pouvoir transcender cette violence, devenir un terroriste socialement acceptable, un terroriste par l'art qui criera son indignation en faisant exploser des mises en scène révélatrices de cette violence dans l'espace public, dans les médias. Mais aller aussi plus loin car plusieurs se reconnaissent dans cette émotion. Il fallait intégrer cela et poser un geste utile, transmettre l'information, donner le goût de changer ses habitudes de vie. À commencer par soi, en se laissant imprégner, en changeant soi-même... en devenant l'œuvre? Ça prenait beaucoup d'élan, une bonne dose de naïveté, presque de la foi pour se lancer à corps perdu dans cette aventure qui nous rend tellement vivants. Il est certain que ça représente beaucoup de gestion de conflits, mais il y a aussi une grande solidarité et surtout un projet commun, entier, où tous les œufs se retrouvent dans le même panier.

Nous avons conçu notre premier *État d'Urgence* avec un bébé de trois mois dans les bras. La beauté de cette enfant dans un monde de détresse apportait une note d'espoir, mais c'était aussi un double apprentissage. Il fallait à la fois gérer un gros projet et comprendre notre relation parentale. Puis *Dites-le avec des fleurs* a coïncidé avec le premier anniversaire de Béatrice, notre bienheureuse! Les années 2001 et 2002 ont été très productives avec *Parc Industriel*, *Attention : Zone épineuse*, *Les murs du feu*, *À vos marques* et l'arrivée d'Ulysse, notre magnifique! La série *Attentat*, jusqu'à *Attentat # 10*, nous a révélé notre désir de générer davantage de mouvement. La venue de Geneviève dans le bureau, la première aide précieuse qui venait en même temps briser notre petite bulle de création familiale, est un point tournant. Le bureau ne partage plus la chambre d'Ulysse bien qu'il soit encore à même la maison!

Étant donné qu'une réflexion portant un message est liée au processus de création, que nous voulons redonner son sens à la place publique et qu'une de ses excroissances est l'espace médiatique, il devient naturel d'être dans plusieurs émissions d'actualité, de débat ou d'information où nous continuons à développer le message, l'opinion, la pensée. Porter la cause fait partie du processus, c'est là aussi une démarche qui s'infiltre dans la vie quotidienne comme dans la vie publique. On crée, on vit la cause et on la porte plus loin, on intègre les nouveaux comportements citoyens que l'on prône et la démarche continue. On est informés de manière plus concentrée sur un sujet, le temps d'une création, mais on n'est pas des spécialistes. En fait, on ne plaide pas seulement une cause environnementale, mais on porte une énergie de changement, de justice sociale et de respect du patrimoine en particulier.

On recyclait déjà mais on s'est mis à composter pendant *Parc Industriel*. On a vendu la voiture d'Annie un peu avant *Attentat...* Bien sûr le fait de faire tout cela en couple est motivant et nous permet d'intégrer ces comportements à notre vie de famille. La création devient vraiment notre moteur de changement personnel et, donc, il peut l'être pour d'autres. Pour ce faire, il est important qu'il y ait un geste concret à poser au sein de l'œuvre car nous avons la chance de vivre un processus complet pour changer au sein même de notre horaire de travail, ce qui n'est pas le cas pour tout le monde.

Les quêtes artistique et activiste ont fusionné. Marée haute, marée basse, ces deux mondes se nourrissent en images, en actions.

S. P. Puisque vous vous situez davantage dans un art que l'on qualifie d'« engagé » à travers lequel votre rôle d'artistes dans la société constitue le moteur principal de votre pratique, comment définissez-vous les dimensions esthétique et artistique dans votre travail? Quelle place occupez-vous dans le système de l'art?

ATSA Lier son besoin de créer, de reconstruire le monde d'une manière absolue à celle plus «concrète» de vouloir changer le monde est à la fois stimulant et déstabilisant. La ligne de démarcation n'est pas toujours facile à établir, surtout pour les autres et, parfois, on se sent ni dans un monde ni dans l'autre. Comme s'il y avait une distinction à faire... Mais justement l'artiste explore, est tenté par de nouveaux langages. On construit toujours un projet en ayant en tête qu'il s'agit en soi d'un objet d'art. C'est un travail qui répond à l'actualité, mais qui doit se répondre à lui-même, qui a sa logique interne. C'est comme pour un écrivain qui, à un moment donné, ne peut pas faire dire n'importe quoi à ses personnages puisqu'il les a en quelque sorte cristallisés.

Les gens abordent souvent nos interventions sans trop savoir ce que c'est, entre la réalité et la fiction. L'autre jour, nous avons rencontré l'artiste Renaud Auguste-Dormeuil et il a dit : «On pense souvent que l'artiste crée du rêve mais c'est faux, il crée plus de réalité, plus de réel.» Ça nous a semblé juste. Nous faisons ressortir la réalité de quelque chose comme une excroissance... une révélation. Et ça, c'est de l'art!

Le travail de l'ATSA est finalement très conceptuel, mais il s'inscrit dans la ville qui devient son espace scénique, à travers le quotidien, le tumulte et, surtout, il est lié à un mécanisme de rencontre et d'échange autour d'un sujet bien concret pour faire avancer la problématique qui l'a généré. Le sentiment de révolte,

on en a besoin fondamentalement pour créer. En fait la révolte, elle est générée par une aberration, mais elle est aussi recherchée pour son énergie! Notre volonté est que l'art soit la réalisation de notre pouvoir et non l'expression de notre impuissance.

Dans *Mapping the Terrain: New Genre Public Art*, Suzanne Lacy écrit : « I feel more than ever we must step outside of the strictly art arena. It is not enough to make art anymore. » [Je crois de plus en plus que nous devons sortir de l'arène strictement artistique. Ce n'est plus suffisant de faire de l'art.] Sans être aussi radicaux, c'est quand même cela qui nous mène à faire l'art que nous faisons.

Il y a toujours un moteur qui relie le constat dramatique et la solution, et c'est le passage à l'acte : Action Terroriste Socialement Acceptable. Par ses propositions formelles, l'ATSA incite les gens à expérimenter leur capacité d'action. La plupart des gens sont tout à fait conscients des problèmes et accueillent favorablement une action à la fois ludique et porteuse de sens qui les mettra en mouvement. L'ATSA incite à entrer dans l'œuvre, à en devenir partie prenante comme on l'est dans la réalité, à poser un geste « esthétique » qui puisse se transposer dans la vraie vie par la suite : donner des contraventions, côtoyer des sans-abri, marcher en forêt, courir contre la montre, vivre parmi les vidanges. Évidemment nos actions ne sont pas consensuelles ; elles sont là pour provoquer le débat.

L'ATSA est une émotion brute et raffinée à la fois. Une esthétique très polarisée. C'est le rouge et le noir. Il y a une dualité, un détournement de sens et d'énergie, une pulsion violente pour proposer une reconstruction, mais aussi une incitation à faire le premier pas, puis le second et ainsi de suite. Chaque projet se construit en ayant comme matériel l'ensemble de la sémantique, de l'imagerie et des archétypes liés au sujet investi, y compris le message à passer dans les médias. Le contexte de présentation en fait partie. Nous construisons les projets en pensant beaucoup à l'expérience qu'on y vivra et pour que celle-ci soit la plus complète possible.

En même temps, on fait un art de brousse! Un médecin sans frontières est-il moins médecin? Non. Pourquoi faudrait-il se demander si un artiste qui s'investit dans un propos engagé est moins artiste? Il n'en est pas moins intéressé par la forme, mais il intègre une prise de position à sa démarche. Aussi, pour continuer ce parallèle, nos projets nécessitent beaucoup de logistique, mais c'est sur le terrain, lors du montage, que l'on constate le résultat. Il n'y aura pas eu de répétition générale et plusieurs décisions se prendront à vif.

S. P. Lorsque vous regardez vers l'avenir, entrevoyez-vous des solutions à ces innombrables maux qui nous accablent? Autrement dit, croyez-vous que l'art peut sauver le monde?

ATSA Ah! La question! Si on dit oui catégoriquement, on est des naïfs! Si on dit non, on est des imposteurs! Chacun a son rôle à jouer selon le lieu et l'époque où il vit. La société est multiple et, dedans, il y a des artistes. L'artiste donne de l'émotion et l'émotion, c'est l'élan. Certains artistes choisiront de proposer un regard critique sur le pouvoir et de donner de l'élan aux plus faibles, à ce qui a besoin d'être défendu. Nous aurons besoin de beaucoup d'élan et de créativité et également de nous sentir mandatés d'une mission importante pour sauvegarder la vie, sa diversité et apporter plus d'équité. Ces artistes haut-parleurs

– qui résonneront dans l'âme des gens, qui consacreront leur vie à ne pas se fondre dans le statu quo, mais à brasser la cage, à donner des mots et des images pour éveiller les consciences et les cœurs, à se donner un autre pouvoir – répondent à une nécessité pour le bien de la démocratie au même titre que la liberté de presse. Il faut se battre pour conserver cet espace de liberté que même l'industrie culturelle enlève parfois aux artistes.

Cela dit, la création artistique est un jeu, un jeu sérieux qui a sa portée dans le changement du réel mais un jeu tout de même... c'est sa liberté, l'art est une revendication pure de la liberté. C'est très politique en soi...

Investir dans les arts, c'est investir dans une parole. Les subventions sont d'importantes garanties de démocratie. Il faut s'assurer de la diversité de cette parole pour une démocratie en santé. Si l'on investit en culture uniquement pour sa capacité à être un moteur économique, ce qui semble être le discours dominant, ce sera un échec pour l'art même si ça reste en quelque sorte un problème de riche. Nous préférons une industrie culturelle comme moteur économique à une industrie de guerre! Le divertissement consensuel est plus « payant », mais on a besoin d'un art qui crie l'injustice, l'indécence, l'abus. Dans l'art comme dans l'activisme, il y a beaucoup de défrichage à faire. Ça prend des gens qui aiment sortir des sentiers battus, pour proposer un nouveau regard. Cet appel vers un idéal, un monde meilleur, est un moteur fondamental pour l'humain et pour toute forme de vie, mais il faut réapprendre à se reconnecter. Nous avons désappris à nous lier aux autres. Tant que le monde était vaste et à découvrir, on pensait que la force émanait de l'individu, mais l'on est en train de comprendre que les humains sont fatalement interdépendants. La planète est petite pour plus de six milliards d'habitants, la vie sur terre est tricotée serrée et l'on ne peut plus s'isoler. ON NE PEUT PLUS VIVRE SEUL DANS SON CHAR... Nous réalisons que nous engendrons notre perte à vouloir trop exploiter plutôt que protéger.

Il est possible de ressentir le besoin d'exprimer des questions sur l'amour et sur d'autres sujets intimes ou d'avoir envie d'exprimer une douleur plus collective. C'est le cas de l'ATSA. Cela dit, c'est un humble travail de citoyen. Ce qui va changer le monde, c'est l'action individuelle transposée à une échelle collective. Chacun d'entre nous doit se responsabiliser. Les multinationales dépensent énormément pour nous convaincre, un à la fois, par la publicité qu'il faut acheter leurs produits. La même stratégie peut se transférer avec le pouvoir qu'a l'artiste pour convaincre et générer un élan. L'art (l'artiste) est un maillon qui s'insère dans l'opinion publique, dans le tissu urbain, dans la culture avec un grand C. Il participe au changement en nourrissant ce mouvement, c'est une manière de penser, d'être. L'art est une force de vie, de survie. C'est notre grande différence avec l'animal... Un être humain sans art, ce n'est rien. Même l'enfant soldat a une « chanson » dans la tête. C'est certain que penser art et enfant soldat peut rendre l'art dérisoire, mais pourtant c'est dans l'art que plusieurs trouvent le salut. Changer le monde? Bouleverser des gens. Pour changer, il faut être bouleversé, il faut être obligé de franchir un mur. **L'ART NOUS PORTE, NOUS OUVRE DES PORTES AVANT QU'ON POSE DES BOMBES...**

were now officially squatting his exhibition. As a result of our talks, *La Banque à Bas* was dismantled and we presented a show in the Musée's rotunda!

That said, the intervention was not an attack against the museal institution as such. Nor had we alerted the media along those lines. At issue was a cause that deserved more visibility than our little artistic shenanigans. We do not shout in order to reach a particular audience; we simply shout what we have to, and irony is part of that process.

There was a sense of urgency to that first intervention. It was ATSA's big bang and all the hallmarks were there—a cause to defend, a presentational context integral to the work, a message to put out there, a juxtaposition of images with clear referents and a title sure to raise eyebrows, an interactive mechanism symbolizing interaction among people, a spectacular dimension within the urban space, the search for a headline-grabbing media impact, and activist production values. It certainly was not a career move. It was basically us reacting to this indecency which was around us, and trying to make waves in an unconventional way. We could have left it at that, but life brought us together. We became pregnant and decided to share our lives, it's as simple as that. The whole thing spun into a life project, and a societal project.

S. P. Operating outside the cultural orthodoxy which legitimizes them, your interventions are intrinsically linked to the social and environmental issues now part of our daily lives. In the relationship between art and life, how does ATSA experience this incursion of the public space into the private one?

ATSA Even when we create something based on collective issues, art remains an intimate act. Whether an artist chooses to talk about his or her latest heartbreak or climate change, there is within the artist a burning need to talk, along with the hope that someone will relate to the work and no longer feel alone with his or her own internal drama.

From the get-go, our relationship centered around creativity. The first time we spent a day together, we built labyrinths made of dead leaves on Mount Royal. We then stood a ways off to observe how people reacted to this installation made of materials available right on the spot. Would passers-by dive in? Walk around it? Stop to study it? Well, they did all of that! We had a great deal of fun and felt a shared energy, a certain boldness, and we kept seeing each other. And one day, we heard on the news that Canadian banks were showing record profits of $7.5 billion and, on the same newscast, that La Maison du Père needed 107 pairs of socks per day for its homeless. We were struck by the symbolism of it all: the bank, the socks... the Sock Bank! *La Banque à Bas* was born. The name had a militant ring to it, a sense of outrage and anarchy, representing a desire to blow everything to smithereens. But there was also an unwillingness to have the terror visit upon the innocent, and thus a need to somehow transcend the violence, to become socially acceptable terrorists, shouting out our indignation by setting off productions that voiced our rage, both in the public space and the media. And to take it further still, for many people can relate to that emotion. So it became necessary to integrate that rage into taking useful

action, transmitting information, making people want to change their habits. Beginning with ourselves, by changing ourselves, living our work, becoming at one with it, in a way. It required a lot of momentum and a healthy dose of naivety, a kind of faith almost, to throw ourselves headlong into this adventure, one that makes us feel truly alive. To be sure, it calls for quite a bit of conflict management, but it also creates a tremendous sense of solidarity and, above all, a common project, a basket in which we can put all our eggs.

We masterminded our first *État d'Urgence* with a three-month baby to feed. The beauty of our child in a world full of despair brought a touch of hope to the proceedings, even as we were undertaking two learning curves simultaneously: managing this great big project and getting to understand our role as parents. Later, *Dites-le avec des fleurs* coincided with our darling Béatrice's first birthday. The years 2001 and 2002 were particularly productive, what with the installations *Parc Industriel* (Industrial Park), *Attention : Zone épineuse*, *Les Murs du Feu* (Walls of Fire) and *À vos marques*, and the arrival of our magnificent Ulysse! The *Attack* series, up to *Attack No. 10*, taught us that we wanted to stir things up even more. The coming on board of Geneviève, our very first assistant, was a pivotal moment; and while it gave us much-needed breathing time, it also spelled the end of our cozy cocoon of familial creativity. Our office is no longer in Ulysse's bedroom, but it's still in the house!

Since our creative process involves a reflection culminating in a message, and as we want the public space to have meaning again, and because media space is an outgrowth of the public space, it naturally becomes necessary to establish a presence on shows offering news, information or discussion, where we could continue to spread the message and encourage further reflection. To be the bearers of the cause is all part of the process and constitutes an approach that permeates our daily lives as much as our public lives. We create, we live and breathe the cause and take it one step further, we integrate the new civic behaviours we advocate, and on we continue. While we are involved on a specific project, we read up and are well-informed on a particular topic, but we are not experts. We do not simply make the case for respecting the environment, we also create a wind of change for social justice and heritage protection in particular.

We were already recycling, but with *Parc Industriel* we began composting. We sold Annie's car right after *Attack*. Of course, doing all these things as a couple is quite stimulating and allows us to integrate those behaviours into our family life. Creativity thus drives our personal change, which means it can do the same for others. Whatever project we produce incorporates some concrete action to be taken, and this affords us the opportunity to experience a full process of change within the framework of our work life, which is not the case with most people.

The artistic and activist roles have merged. They are two worlds inspiring one another through images and deeds, day in, day out.

S. P. Since you see yourselves as making first and foremost so-called "engaged" art, driven chiefly by your societal role as artists, how do you define the aesthetic and artistic aspects of your work? What is your place in the system of art?

ATSA Linking together one's need to create—to remake the world in idealistic terms, as it were—to the more practical task of changing the world is both stimulating and destabilizing. The line separating the two is sometimes blurred, especially for others, and sometimes we feel as though we are in neither world. As if there were a need to distinguish between the two... But this is precisely what artists do: they explore, they search for new idioms. We always undertake a project bearing in mind that it is in and of itself a work of art. It functions as a response to external circumstances, true, but must answer to itself, and retains its own internal logic. Just like an author who, having reached a particular point in the writing process, can no longer have his characters say just anything, as he has crystallized them, in a sense.

People often take in our interventions without really knowing whether to interpret them as reality or fiction. The other day, we met the artist Renaud Auguste-Dormeuil and he said: "People tend to think of the artist as a dream merchant, but that's a false impression; the artist creates *more* reality, *more* of what is real." We thought that was rather insightful. We make the reality of something, its essential truth, come to the fore, like an outgrowth or... a revelation. And this process is called art!

In the final analysis, ATSA's work is quite conceptual, yet its backdrop is the city, in all the latter's everyday tumult. Above all, our work involves a mechanism for encounter and dialogue on a very concrete subject, in order to make headway on the issue that inspired it. Outrage is an essential ingredient for our creativity. It is an emotion which originates as a reaction to an aberration, but it's also sought-after for the energy it produces! What we want is that our art be a statement of our power and not the expression of our powerlessness.

In *Mapping the Terrain: New Genre Public Art*, Suzanne Lacy wrote: "I feel more than ever we must step outside of the strictly art arena. It is not enough to make art anymore." We're not as radical as she is, but that is nonetheless what motivated us to make the art we make.

There is always a bridge spanning the divide between the sad acknowledgement of a situation and its solution, and that is the shift into action. Through the formal works it proposes, ATSA incites people to experiment with their capacity for taking action. Most people are quite aware of the problems out there and are open to an action that is both playful and meaningful and that will set them in motion. ATSA is an invitation to begin the process, to take a stand like we do in real life, to perform an "aesthetic" action that can later spill over into real life: handing out parking tickets, talking with the homeless, walking through the forest, racing against time, living amidst garbage. Obviously, our actions are not consensual; they are there to provoke debate.

ATSA is both a raw and refined emotion, with a very polarized aesthetic. Black and red, if you will. A duality is at work, a diversion of meaning and energy, a violent impulse to propose a reconstruction, but also an encouragement to take that first step, then the second, and so on. Each of our projects draws extensively on the semantics, imagery and archetypes related to the topic

concerned, including the message we wish to convey through the media. The presentation is part of it too. We develop our projects very much with a sense of how we will experience them, so that the experience be as complete as it possibly can.

That said, ours is a primitive art! A "doctor without borders" is no less a doctor than another, right? So why ask if an engaged artist is any less of an artist? It's not that a socially committed artist is less interested in the aesthetic side of things; it's simply that such an artist incorporates a specific point of view into his or her approach. We would also add, to continue along this line of thought, that while our projects are logistically challenging, the results are seen on the field, during the set-up phase: there is no general rehearsal and many decisions are made on the fly.

S. P. **When you look to the future, do you foresee any solutions for the countless ills afflicting us? In other words, do you believe that art can save the world?**

ATSA Ah! The million-dollar question! A catch 22, isn't it? If we answer with a categorical "yes," we are naive! And if we answer "no," we are branded as impostors! We each have a role to play, according to the place and era in which we live. Society is a diverse organism and within it you have artists. Artists contribute emotion, and emotion is impetus. Some artists choose to provide a critical assessment of the power structure and give impetus to the weakest of society, to those people and things that need protecting. We need much impetus and creativity, and also to feel entrusted with an important mission, to safeguard life and its diversity and to foster a more just society. Certain artists are beacons for those seeking a principled path, their lives devoted to not blending into the *status quo* but rather to rattling our cage, to producing words and images to wake up our minds and hearts; they serve the cause of democracy in the same way as freedom of the press. They struggle to maintain a freedom that even the culture industry sometimes takes away from the artist.

Having said that, art is a game—a serious one whose power lies in its ability to effect real change, yet a game all the same. Indeed, this constitutes its very freedom, for art is a pure assertion of freedom. Which, in and of itself, is quite political…

To invest in the arts is to invest in an opinion. In this sense, subsidies constitute an important guarantee of democracy. We must ensure a diversity of opinion in order to maintain a healthy democracy. To invest in culture solely in its capacity as an engine of economic development, which appears to be the operative paradigm, will ultimately seal art's failure, even if it is, in a way, a rich folk's problem. Of course, we do prefer an economy driven by the culture industry rather than the arms industry! And while consensual entertainment is more profitable, we need an art that speaks to injustice, indecency and abuse. In art as in activism, there remains much ground to be charted. That takes individuals who enjoy going off the beaten path to propose a new outlook. Such an appeal to idealism, to a better world, is essential to the human race and for any life form for that matter. Yet we must learn how to reconnect to others. We have forgotten how to do that. When the world was huge and largely unexplored, we believed in the special power of individualism; today, it is dawning on us that human beings are fatally interdependent. The planet is home to six billion of us, life on Earth is become closely knit, and insularity is no longer an option. ONE CAN NO LONGER LIVE ALONE IN ONE'S CAR. We are realizing that, in pursuing unsustainable development, we are sealing our own perdition.

It is possible to feel the need to ask questions about love or other intimate subjects, just as it is to want to express a broader, collective pain. ATSA falls into the latter category. But in the end, ours is the humble work of two citizens. What will ultimately change the world is individual action multiplied exponentially on a planetary scale. Each of us needs to take responsibility. Multinationals allocate vast sums of money to advertising in order to convince us, one at a time, to buy their products. That same strategy can be harnessed by the artist to convince people and generate momentum for change. Art is a link in the chain of public opinion, in the urban fabric, in Culture. It contributes to change by fueling a way of thinking, of being. Art is a life force, a survival mechanism. It distinguishes us from animals. A human being without art is not much at all. Even a child soldier carries a "tune" in his head. Now, juxtaposing art and child soldiers may trivialize the former, but it is through art that many find their sanity. Want to change the world? Upset people. To change, one needs to be upset, to be forced to overcome an obstacle. **ART LEADS THE WAY, OPENS UP DOORS FOR US, BEFORE WE RESORT TO BOMBS…**

SONIA PELLETIER est actuellement à la direction artistique de la revue culturelle *Spirale*. Elle est active au sein de plusieurs organismes culturels québécois œuvrant dans le milieu de l'art contemporain en tant que coordonnatrice de projets, critique d'art et commissaire indépendante. En plus de ses collaborations à de nombreuses publications de centres d'artistes à Montréal et en région, elle a notamment publié dans *Le Devoir* et dans les périodiques culturels *Inter, CV ciel variable, C magazine, esse, Espace et Spirale*. Elle a été coordonnatrice des Éditions Artextes de 2002 à 2005. Elle a également fondé et dirigé la maison d'édition PAJE (projet adapté à la jeune écriture) de 1989 à 1996 qui se consacrait à la publication d'ouvrages littéraires, de bandes dessinées et de catalogues d'expositions. Parmi les ouvrages qu'elle a récemment coordonnés et dirigés, mentionnons : *Culture pour tous. 10 ans des journées de la culture* (ministère de la Culture et des Communications du Québec, 2007) et *L'imprimé numérique dans l'art contemporain* (Éditions d'Art Le Sabord, 2007).

Sonia Pelletier is presently the artistic director of cultural magazine *Spirale*. She works as a project coordinator, art critic and independent curator within several Quebec cultural organizations in the field of contemporary art. In addition to her contributions to numerous publications by Montreal artist-run centres, she has published articles in *Le Devoir* and in the cultural periodicals *Inter, CV ciel variable, C magazine, esse, Espace* and *Spirale*. She was the coordinator of Artextes Editions from 2002 to 2005. She has also founded and directed the publishing house PAJE (projet adapté à la jeune écriture) from 1989 to 1996, an organization devoted to the publication of literary works, comic books and exhibition catalogues. Recently, she has coordinated and edited *Culture pour tous. 10 ans des journées de la culture* (ministère de la Culture et des Communications du Québec, 2007), and *L'imprimé numérique dans l'art contemporain* (Éditions d'Art Le Sabord, 2007).

ATSA CHRONOLOGIE
TIMELINE ATSA
1997–2008

1997

LA BANQUE À BAS

17 décembre – 12 février
December 16 – February 12
Parvis de la Place des Arts, Montréal

1998

ÉTAT D'URGENCE

13–17 décembre December 13–17
Parvis de la Place des Arts, Montréal

1999

DITES-LE AVEC DES FLEURS

12 octobre October 12
Terrain vague, angle des rues Clark
et Sainte-Catherine, Montréal

ÉTAT D'URGENCE

16–26 décembre December 16–26
Terrain privé de SNC-Lavalin, angle
du boulevard René-Lévesque et de la
rue de Bleury, Montréal

2000

JE SUIS LE NOMBRIL DU MONDE

1er–9 avril April 1–9
Sympholium 2000, place
Gérald-Godin, Montréal

DITES-LE AVEC DES FLEURS : OBSÈQUES

mai May
Terrain vague, angle des rues Clark
et Sainte-Catherine, Montréal

2001

DERNIER RECOURS

2–4 mars March 2–4
Parc Hydro-Québec, angle des rues
Clark et Sainte-Catherine, Montréal

LE SOMMET DÉSILLUSIONS

21 avril April 21
Lors du *Sommet des Amériques,*
Québec

À VOS MARQUES

6–8 octobre October 6–8
Espaces émergents, American Can,
Montréal

PARC INDUSTRIEL

17 août – 4 septembre
August 17 – September 4
Angle des rues Sherbrooke et Clark,
Montréal

2002

ÉTAT D'URGENCE

1er–4 février February 1–4
Place Émilie-Gamelin, Montréal

LES MURS DU FEU

9 août August 9
Soirée incendiaire, dans le cadre
de *Mémoire vive,* DARE-DARE, angle
des rues Sainte-Catherine et Saint-
Dominique, Montréal

LES MURS DU FEU

9 août – 2 septembre
August 9 – September 2
Parcours historique, dans le cadre
de *Mémoire vive,* DARE-DARE, secteur du « Red Light », Montréal

ATTENTION : ZONE ÉPINEUSE

5–15 octobre October 5–15
Projet spécial de la Ville de
Montréal, sur le mont Royal,
Montréal

2003

ATTENTAT #1

14–17 août August 14–17
Angle des rues Sainte-Catherine et
Saint-Dominique, Montréal

ATTENTAT #2

22 septembre September 22
Journée sans ma voiture,
métro Mont-Royal, Montréal

ATTENTAT #3

25 septembre September 25
Artistes contre l'occupation, MAI,
Montréal

DÉBAT

6 novembre – 31 mai 2004
November 6 – May 31 2004
C'est ma place, Galerie Monopoly,
Montréal

ÉTAT D'URGENCE

5–8 décembre December 5+8
Place Émilie-Gamelin, Montréal

ATTENTAT #4

5–8 décembre December 5–8
Pour *État d'Urgence,* Montréal

2004

ATTENTAT #5
15–18 janvier January 15–18
Salon de l'Auto de Montréal
ÉCHANGE DE DEVISES
1er–15 mars March 1–15
Interventions publiques *in situ*,
Biennale de Paris
LE TEMPS D'UNE BRASSÉE
5 juin – 8 août June 5 – August 8
Cohabitation : Commune mesure,
Axenéo7, Hull
FRAG
première version First Edition
15 juin – 24 août 2006
June 15 – August 24 2006
Avec la SDBSL, le long du boulevard
Saint-Laurent, Montréal
MAL D'EAU
22 juin – 28 août
June 22 – August 28
Eaux vives, regards croisés, Maison
de la Culture Frontenac, Montréal
ATTENTAT #6
26–29 août August 26–29
Frénésie de la Main, boulevard Saint-
Laurent, Montréal
ATTENTAT #7
16–19 septembre
September 16–19
Place d'Youville, Québec
DÉBAT
24 septembre – 21 octobre
September 24 – October 21
C'est ma place, Biennale de Montréal
ÉTAT D'URGENCE
1er–5 décembre December 1–5
Place Émilie-Gamelin, Montréal

2005

500 MILLIARDS
15–18 juin June 15–18
Frénésie de la Main, angle des
rues Saint-Laurent et Guilbault,
Montréal
ATTENTAT #8 / ATTACK #8
9–12 juin June 9–12
Free Fall, The Theatre Centre, angle
des rues Yonge et Dundas, Toronto
ATTENTAT #9 / ATTACK #9
16–19 juin June 16–19
en collaboration avec la Galerie Saw
et Saw Video, By Market, Ottawa
ATTENTAT #10
22 juillet – 22 septembre
July 22 – September 22
Débraye : voiture à controverse,
Fonderie Darling, Montréal
WILD CAPITALISM HUNTING GAMES
9–18 septembre September 9–18
Art City Festival, Calgary
ATTENTAT #11
octobre October
campagne pancanadienne Web de
la contravention téléchargeable
ÉTAT D'URGENCE
23–27 novembre November 23–27
Place Émilie-Gamelin, Montréal

2006

ATTENTAT #12 / ATTACK #12
3 février February 3
The Theatre Centre, Toronto
**EXPOSITION SUR ÉTAT D'URGENCE 05
ET ATTENTAT #12**
13 janvier – 25 février
January 13 – February 25
Art and Activism, YYZ Artists'
Outlet, Toronto
LE DÉPANNEUR
22–25 février February 22–25
Vasistas, Théâtre La Chapelle,
Montréal
ATTENTAT #13
1er–22 juin June 1–22
Concours dans le journal *Voir*
SHMATA
24–27 août August 24–27
Frénésie de la Main, à l'angle de la
rue Duluth et du boulevard Saint-
Laurent, Montréal
FRAG
version finale Final Version
Inauguration 24 août
Inauguration August 24
Circuit permanent
Permanent Circuit
Boulevard Saint-Laurent
entre les rues Saint-Antoine
et Mozart, Montréal
ÉTAT D'URGENCE
22–26 novembre November 22–26
Place Émilie-Gamelin, Montréal

2007

ATTENTAT #14 / ATTACK #14
18–20 janvier January 18–20
HPR Festival, Calgary
ATTENTAT #15 / ATTACK #15
22–25 janvier January 22–25
Push Festival, grunt gallery et
Vancouver Art Gallery, Vancouver
ATTENTAT #16 / ATTACK #16
22–31 mars March 22–31
Culture Crash, Galerie SAW Gallery,
Ottawa
SQUAT POLAIRE
7–10 juin June 7–10
Nuit blanche, Montréal
17–19 août August 17–19
Symposium d'art contemporain,
Baie-Saint-Paul
23–27 août August 23–27
Trafic'Art, Galerie Séquence,
Chicoutimi
ÉTAT D'URGENCE
21–25 novembre November 21–25
Place Émilie-Gamelin, Montréal

2008

LET'S CALL IT A WEDDING, REHEARSAL
28 mars March 28
*Digifest, Catastrophe, Trauma,
Possibility*, Toronto
CHANGE
2 octobre – 10 décembre
October 2 – December 10
Montréal
Lancement de la publication *ATSA.
Quand l'art passe à l'action*
(2 octobre October 2), Montréal
ÉTAT D'URGENCE
26–30 novembre November 26–30
Place Émilie-Gamelin, Montréal

ESTHÉTISER LA RÉVOLTE
ACTION TERRORISTE
SOCIALEMENT
ACCEPTABLE (ATSA)
1997-2007

GUY SIOUI DURAND Tsie8ei 8enho8en Huron-Wendat, sociologue (Ph.D.), critique d'art et commissaire indépendant, Guy Sioui Durand scrute l'art actuel au Québec. Il a fait de l'art engagé et de l'art amérindien contemporain ses créneaux. Cofondateur de la revue *Inter* et du Lieu, centre en art actuel (Québec), il collabore à plusieurs périodiques et publications. Trois livres sont sortis de sa plume : *L'art comme alternative. Réseaux et pratiques d'art parallèle au Québec* (1997), *Les Très riches heures de Jean-Paul Riopelle* (2000), *Riopelle. L'art d'un trappeur supérieur. Indianité* (2003), sans compter nombre de collaborations à différents ouvrages, dont le récent *Aimititau ! Parlons-nous !* (2008). Orateur dynamique, ses conférences-performances sont fort appréciées. Huron-Wendat sociologist (Ph.D.), art critic and independent curator Guy Sioui Durand examines current art in Quebec. His main subjects are engaged art and contemporary native art. Cofounder of magazine *Inter* and Le Lieu, centre en art actuel (Quebec City), he contributes to several periodicals and publications. He has written three books: *L'art comme alternative. Réseaux et pratiques d'art parallèle au Québec* (1997), *Les Très riches heures de Jean-Paul Riopelle* (2000), *Riopelle. L'art d'un trappeur supérieur. Indianité* (2003), in addition to numerous contributions to various publications, including the recent *Aimititau ! Parlons-nous !* (2008). A dynamic speaker, his lectures/performances are much appreciated.

FAIRE CHOC

« L'artiste de notre époque ne se leurre pas, il sait que son message sera soumis à l'épreuve du malentendu. Il sait que l'on tentera de lui faire dire le contraire de ce qu'il pense, et pourtant il persiste à signer son propos. »
Michaël La Chance[1]

Depuis 1997, l'Action terroriste socialement acceptable (ATSA) s'est immiscée comme acteur social d'importance dans l'évolution de l'art engagé. L'organisme, fondé par le couple Annie Roy et Pierre Allard, campe ses interventions politiquement et socialement engagées en *contexte réel*, c'est-à-dire dans des zones extérieures aux lieux conventionnés de l'art, sur les places publiques. Leurs œuvres d'art *in situ* et/ou relationnelles sont autant de formes d'« agir communicationnel[2] » dont les thématiques, au demeurant, participent à des débats plus larges sur la signification de la nature même de l'engagement par l'art aujourd'hui.

Voici donc un regard sociologique critique sur l'évolution socio-artistique de l'ATSA. Il vise à mieux comprendre cette adéquation contexte/contenant/contenu[3] à la fois comme *style* – d'autres diraient « image de marque » – qui aurait façonné un type singulier de fusion entre éthique et esthétique sur un continuum mutant des pratiques d'art engagé. Après avoir délimité la conjoncture géopolitique des rapports entre la société et l'art dans laquelle s'inscrit l'activisme du duo, il s'agira de mettre en évidence l'originalité formelle de ce style d'art vivant en lien avec son impact émancipatoire. On verra qu'il s'agit aussi de débats où s'affrontent, certes, théoriciens et critiques, mais où l'on peut encore inclure des témoignages « de terrain ».

L'ART ENGAGÉ MAINTENANT

À la fin des années 1970, l'horizon utopique de la révolution globale (économique, politique, culturelle, urbaine et artistique) s'estompe. En cette première décennie du XXIᵉ siècle, le phénomène social total qu'est la mondialisation des échanges prend le relais. Une nouvelle dialectique géopolitique entre les tenants de la *mondialisation néolibérale* versus ceux d'une *globalisation altermondialiste* – penser global, agir local – redéfinit le contexte des rapports plus généraux entre art et société, dont le sous-ensemble art et politique.

L'artiste *militant* pour « la » cause, contre les représentants et les symboles des pouvoirs dominants, a cédé la place au foisonnement des *activistes*. L'art engagé se décline en un continuum de pratiques telle une mosaïque aux mobilisations multiples. D'un côté on peut observer l'esthétique macropolitique « manifestive » s'adjoignant aux affrontements lors des grands rassemblements, comme ce fut le cas au Sommet des Amériques et au Sommet des Peuples à Québec (2001), allant jusqu'aux attaques de sites par des « cyberhackers » et à la résurgence du documentaire. À l'autre bout du continuum se condense une panoplie d'interventions socio-artistiques *in situ* dites citoyennes et, bien sûr, diverses œuvres à messages exposées, davantage à échelle micropolitique. L'engagement des artistes s'est donc élargi de la seule sphère des rapports de pouvoir à la faveur de ramifications repérables dans

SHOCK TACTICS

The modern-day artist does not delude himself; he knows his message will run the gauntlet of misunderstanding. He knows people will try to make him say the exact opposite of what he thinks, yet he persists in delivering his message.
Michaël La Chance[1]

THE AESTHETICS OF OUTRAGE ACTION TERRORISTE SOCIALEMENT ACCEPTABLE (ATSA) / 1997–2007
Since 1997, ATSA (for Action terroriste socialement acceptable) has taken its place as an important social force in the evolution of politically engaged art. Founded by couple Annie Roy and Pierre Allard, the collective stages its politically and socially engaged interventions in real-world settings, that is, in public places, outside the conventional venues of art. Their site-specific and relational works of art are as many expressions of "communicational action,"[2] whose themes, for all that, take part in wider debates on the very nature and meaning of engaged art today.

Here, then, is a critical look at the socio-artistic evolution of ATSA from a sociological standpoint. Its aim is to better understand the relationship "context/container/content"[3] as a *style*— some would say "brand image"—that shaped ATSA's singular fusion of ethics and aesthetics on the ever-changing spectrum of engaged art practices. Once the geopolitical context of the society–art relationship, which informs the duo's activism, has been mapped out, I shall demonstrate the formal originality of this style of living art in relation to its emancipatory power. We shall see, too, the debates it launches, between theoreticians and critics, naturally, but where there is still room for input from "the field."

ART ENGAGED IN THE MOMENT

By the end of the 1970s, the utopian outlook of an all-encompassing global revolution (economic, political, cultural, urban and artistic) grew dim. In this first decade of the 21st century, the all-consuming social phenomenon that is globalization has taken over. A new geopolitical dialectic between proponents of neoliberal globalization and those of alterglobalization—whose credo is think global, act local—has redefined the context of the broader relation between art and society, including the subsystem of art and politics.

The so-called "militant" artist, fighting for *the* cause and taking on the champions and symbols of the dominant establishment, has given way to a proliferation of "activists." Engaged art spans a spectrum of practices, a veritable mosaic of multiple mobilizations. At one end of the spectrum one finds the "manifestive" macropolitical aesthetic that complements the confrontations one sees at large rallies, as during the Summit of the Americas and the Peoples' Summit in Québec City (2001), and extends as far as cyberhacking and the revival of the documentary genre. At the other end of the spectrum are clustered an array of site-specific socio-artistic interventions—so-called "citizen" interventions—and, of course, a wide assortment of works with a message, all of which are more engaged at a micropolitical level. Artist engagement has thus broadened its scope,

tous les aspects de la vie quotidienne. Art politique et art social s'y fusionnent.

Dans une contrée sociale-démocrate de l'économie de marché urbaine-industrielle de consommation de masse comme le Québec, pauvreté, misère, injustices sociales et périls environnementaux dus au productivisme demeurent. C'est pourquoi la *révolte*[4] persiste. C'est dans ce contexte qu'apparaît, en 1997, ce collectif d'art engagé avec une appellation choc, paradoxale même : Action terroriste socialement acceptable. Une « facture stylistique » originale liant zones idéologiques et formes vivantes d'art se dégage des dix années d'engagement de l'ATSA.

ZONES IDÉOLOGIQUES ET ART VIVANT

La persistance dans le temps qualifie d'entrée de jeu l'engagement du collectif montréalais. En une décennie, celui-ci aligne une série d'œuvres engagées liant ce qu'il convient d'appeler des « zones idéologiques » communicantes et un « style interventionniste ».

Quatre zones idéologiques, au sens de visions du monde, d'idéologies ou de partis pris sociétaux, donnent leur sens aux œuvres politiques et sociales de l'ATSA :
– la vision du monde altermondialiste pour une économie équitable et axée sur le développement durable ;
– les causes pour une meilleure justice sociale ;
– l'écologisme à la base d'une meilleure qualité de vie urbaine ;
– la mémoire collective comme patrimoine urbain commun.

Le schéma qui suit (p. 23) regroupe leurs interventions parmi les plus significatives en relation avec ces zones idéologiques, symboliquement esquissées sous forme d'anneaux s'agençant les uns aux autres, délimitant des territorialités qui se superposent et créant certaines interfaces partagées. Tels des vases communicants, elles réseautent certains grands enjeux *macropolitiques* mondiaux et des expériences communautaires *micropolitiques* locales chez l'ATSA :

ALTERMONDIALISATION

– *Je suis le nombril du monde* (2000)
Les misères faites aux enfants ont sans doute été parmi les motivations premières des interventions de l'ATSA. Se voulant « signe de contestation » à petite échelle pour redonner « une tribune au rêve et à l'enfance » sur la place Gérald-Godin à Montréal en avril 2000, des poussettes trônent sur des grands perchoirs au-dessus de la manifestation. On les retrouvera d'ailleurs sur la toiture de l'édifice adjacent au terrain vague occupé par le *Parc Industriel* sur la rue Sherbrooke.
– *Le Sommet Désillusions* (2001)
Les membres de l'ATSA prenant part à la marche du Sommet des Peuples, qui s'est tenu simultanément comme solution de rechange au Sommet des Amériques à Québec un an plus tard en avril 2001, vont tenir bien haut, à bout de bras, les poussettes comme signalétique. La signalétique micropolitique utilisée dans *Je suis le nombril du monde* prenait dès lors une toute autre envergure avec Les *Sommet Désillusions*, à savoir la solidarité altermondialiste :

> « Parce que nous ne croyons pas qu'une mondialisation générée uniquement par les gouvernements et les corporations respectera ses

moving from sole considerations of power dynamics to include issues having repercussions on all aspects of daily life. Political art and social art have found a common ground.

In a social-democratic society with a mass-consumption urban-industrial market economy such as Quebec, the poverty, misery, social injustice and environmental hazards attributable to a culture of productivism abound. And for this reason, *outrage*[4] continues to brew. Into this state of affairs there arrived in 1997 a collective of engaged artists with an unsettling, even paradoxical, moniker: ATSA, for "socially acceptable terrorist action." Throughout its ten years of making engaged art, ATSA has served up an original, potent blend of stylish production values, ideological ruminations and living art forms.

IDEOLOGICAL ZONES AND LIVING, BREATHING ART

The sheer persistence of the Montreal collective is testament to its commitment. Over the course of a decade, it has produced a succession of politicized works bringing together what can be called interrelated "ideological zones" and an "interventionist" style.

Four ideological zones (ideological in the sense of representing particular worldviews or societal preconceptions) give meaning to ATSA's political and social works:
– the alterglobalization worldview of a fair economy based on sustainable development;
– movements for social justice;
– environmentalism as the key to a better quality of life in the city;
– collective memory as a shared urban patrimony.

The following diagram shows their most significant interventions in relation to these ideological zones, represented as circles with some overlapping of their specificities. Like connecting vessels, they are a conduit for major global *macropolitical* issues as well as local *micropolitical* community experiences:

ALTERGLOBALIZATION

– *Je suis le nombril du monde* (2000)
The misery inflicted upon children is doubtless one of the main motivations behind ATSA's interventions. Conceived as a small-scale "sign of protest" aimed at creating a platform to celebrate dreams and childhood at Montreal's Place Gérald-Godin in April 2000, baby strollers sit prominently on large perches overhanging the demonstration. They can also be found on the roof of the building adjacent to the abandoned lot occupied by *Parc Industriel* on Sherbrooke Street.
– *Le Sommet Désillusions* (2001)
ATSA members taking part in the Peoples' Summit rally, held concurrently as an alternative to the Summit of the Americas in Québec City one year later, in April 2001, made good and effective use of the strollers as symbolic statement. The micropolitical symbolism used in *Je suis le nombril du monde* took on a whole other dimension with the *Sommet Désillusions*, that of alterglobalization solidarity:

> "Because we do not believe that a globalized world order engineered solely by governments and corporations will abide by its commitments

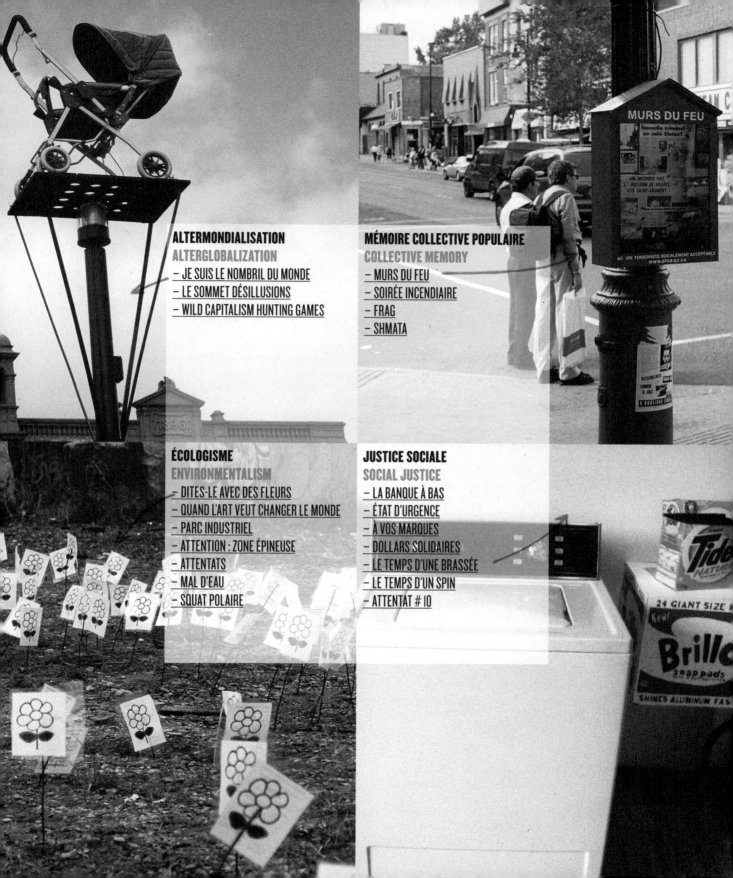

ALTERMONDIALISATION
ALTERGLOBALIZATION
– JE SUIS LE NOMBRIL DU MONDE
– LE SOMMET DÉSILLUSIONS
– WILD CAPITALISM HUNTING GAMES

MÉMOIRE COLLECTIVE POPULAIRE
COLLECTIVE MEMORY
– MURS DU FEU
– SOIRÉE INCENDIAIRE
– FRAG
– SHMATA

ÉCOLOGISME
ENVIRONMENTALISM
– DITES-LE AVEC DES FLEURS
– QUAND L'ART VEUT CHANGER LE MONDE
– PARC INDUSTRIEL
– ATTENTION : ZONE ÉPINEUSE
– ATTENTATS
– MAL D'EAU
– SQUAT POLAIRE

JUSTICE SOCIALE
SOCIAL JUSTICE
– LA BANQUE À BAS
– ÉTAT D'URGENCE
– À VOS MARQUES
– DOLLARS SOLIDAIRES
– LE TEMPS D'UNE BRASSÉE
– LE TEMPS D'UN SPIN
– ATTENTAT # 10

c'était en plein temps de la chasse aux chevreuils,

engagements face aux populations et à l'environnement [...] nous voulions faire suite à notre discours [...] et donner une voie aux générations futures sur lesquelles les conséquences de nos pactes internationaux actuels retomberont[5]. »
– *Wild Capitalism Hunting Games* (2005)

Loin d'être romantique, cette liaison « globale » entre la proximité et le lointain, toujours sur le mode des « jeux de la fête foraine où les enfants gagnent des cadeaux en tirant bien candidement sur des cibles diverses », ATSA va créer en 2005 à Calgary, dans le cadre d'« Art-City: Festival for Art, Design and Architecture », un environnement dont le titre radicalise de manière politique l'engagement de l'art social comme critique du capitalisme sauvage dominant : *Wild Capitalism Hunting Games*. Formellement, la poussette cède la place aux mallettes d'hommes d'affaires et « accuse l'indifférence avec laquelle le capitalisme sauvage continue sa course folle destructrice ».

JUSTICE SOCIALE

– La Banque à Bas (1998)

Au passage de l'année 1997 à 1998, l'ATSA pose un geste d'éclat avec *La Banque à Bas*. Cette intervention en face du Musée d'art contemporain de Montréal jouxte les territorialités artistique et sociale dans la rue, hors du « cube blanc », mais en lien avec lui. Avec comme première forme symbolique les chaussettes, comme métaphore de bien vêtir tout le monde en hiver, les éditions d'*État d'Urgence* se profilent à l'horizon.

– État d'Urgence (1998-)

D'abord sous le mode du camp pour exilés et réfugiés forcés par les conflits et les catastrophes – l'ATSA s'étant assuré la collaboration des forces armées canadiennes –, puis plus près des organismes permanents d'accueil des itinérants et des sans-abri, la zone événementielle deviendra de plus en plus autonome et manifestive au sens d'une présence accrue de créateurs et d'art transformant ce moment extraordinaire annuel sur deux fronts : la visibilité médiatique de conscientisation et une progressive appropriation culturelle – et non pas uniquement une consommation momentanée – par ses usagers mêmes. Par exemple, de généreuses et belles propositions artistiques relationnelles et humaines (je pense ici aux contributions de Christian Barré, Pierre Bourgault, Réal Capuano, Claudine Cotton, Folie/Culture, Sonia Robertson, Jean-Jules Soucy, Karen Spencer, Armand Vaillancourt et Wapikoni Mobile pour ne nommer que quelques artistes visuels « *artivistes* ») ont eu cours lors des éditions 2006 et 2007, tandis qu'on a pu assister à une appropriation de l'événement par les itinérants eux-mêmes (intérêt pour les artistes, engagement dans l'aménagement et la sécurité, dialogues, etc.)[6], sans compter une percée médiatique suscitant certains débats.

ÉCOLOGISME

– Parc Industriel (2001)

Environnement à grande échelle au cœur de Montréal, *Parc Industriel* s'est voulu « un lieu d'amusement, de réflexion et de rencontre, [...] une expérience esthétique, architecturale, historique et temporelle stimulante ». À la fois site de fouilles archéologiques, usine de recyclage des déchets urbains et jardin pour pique-nique communautaire, ce parc soudait différentes interventions environnementales, liant le sort de la planète à la conscientisation et aux actions quotidiennes.
– *Attentat #10* (2005)

En août et septembre 2005, l'ATSA a déployé une brigade de plus de 300 officiers qui ont émis 10 000 constats d'infraction citoyenne, des formulaires de contravention en trois copies numérotées et similaires à s'y méprendre à ceux officiels de la ville, contre de gros véhicules polluants et leurs propriétaires, dans le cadre de l'événement « Débraye : voiture à controverse » orchestré par la Fonderie Darling à Montréal. Cette manœuvre appelée *Attentat # 10* est capitale pour mieux comprendre une des dimensions fondamentales de l'activisme de l'ATSA : les ondes de choc médiatiques comme mode de canalisation de la révolte, cette violence inhérente à leurs interventions comme art engagé. En effet, à l'action directe qui provoquera de multiples rebondissements chez les automobilistes « en délit » – courriels d'appuis ou de justification, paiements au bureau de l'arrondissement et même visites au bureau de l'ATSA – s'ajoutent l'amplification de l'impact d'une part, et d'autre part une précision sur la nature éthique de l'art engagé de l'ATSA.

Sur le plan du rayonnement médiatique (« avis » lancé dans les médias pendant l'événement, vidéo, remise symbolique des contraventions aux autorités municipales responsables du développement durable, amorce d'une campagne pancanadienne, par exemple, *Attentat # 11*), les *Attentats* sortent du giron artistique pour rejoindre la vie urbaine socialisée.

Sur le plan de l'engagement citoyen : En ciblant les « véhicules surdimensionnés à consommation excessive, la marche au ralenti, les démarreurs à distance et le mauvais entretien des véhicules » avec un constat qui « reste un outil pacifique dirigé sur le choix de véhicule, [...] l'ATSA crée un outil de sensibilisation et revendique une réglementation qui protège la qualité de vie des Montréalais », et ce « sans altercations physiques ni [...] vandalisme », se positionnant « contre tout acte de vandalisme et de violence » et donnant « un droit de parole au quotidien [aux citoyens] qui font leur part pour un air sain et [pour] briser le statu quo. Tant qu'il n'y aura pas de réglementation qui contrôle la consommation et l'utilisation des engins polluants, la réaction citoyenne va nécessairement, avec les conditions de réchauffement de la planète, se faire de plus en plus intense. »

Attentat # 10 illustre parfaitement la mouvance de l'ATSA selon ces stratégies d'intervention, son déplacement sur le continuum de l'art engagé dont j'ai parlé : du type de stratégies militantes et politiques relevant de la dénonciation et de l'affrontement avec les symboles du pouvoir vers un type d'art engagé socialement qui repose sur l'utilisation concrète des matériaux de la vie quotidienne – ici les véhicules automobiles, les officiers municipaux, les billets de contravention, etc. – pour changer l'état des choses.

Wild Capitalism Hunting Games | 2005 Dans le cadre du Art-City Festival de Calgary, ATSA propose une chasse symbolique au capitalisme sauvage sur la Olympic Plaza.
Wild Capitalism Hunting Games | 2005 Within the context of Calgary's Art City festival, ATSA proposes a symbolic hunt on wild capitalism at the Olympic Plaza.

to populations and the environment ... we wanted to continue our discourse ... and give a voice to future generations, as they will be the ones to shoulder the consequences of the international agreements signed today.[5]"

– *Wild Capitalism Hunting Games* (2005)

Far from romantic, this "global" liaison between the proximate and the distant, still in the mode of those carnival games whereby children win prizes by striking various targets, ATSA created in 2005 in Calgary, as part of the city's *Art-City: Festival for Art, Design and Architecture* event, an intervention whose radically political title, *Wild Capitalism Hunting Games,* perfectly sums up the engagement of social art as a critique of a dominant, rampant capitalism. The baby stroller formally gives way to a businessman's attaché case that points an accusatory finger at the indifference with which rampant capitalism continues on its reckless, destructive path.

SOCIAL JUSTICE

– *La Banque à Bas* (The Sock Bank, 1998)

As the year 1997 was about to give way to 1998, ATSA staged an impactful action with *La Banque à Bas.* This intervention in front of the Musée d'art contemporain de Montréal achieves a symbiosis of artistic and social domains in the street, outside the "white cube" of the gallery-space yet in relation to it. Drawing on socks as its main symbol and a metaphor of dressing people adequately for the winter, the event presaged the *État d'Urgence* interventions that would follow.

– *État d'Urgence* (State of Emergency, 1998—)

Initially taking the form of a refugee camp, with the Canadian Armed Forces in tow to further reinforce the theme, the event later evolved to take on the form of permanent shelters for the homeless, demonstrating greater autonomy and an increasing presence of creators and artists who transformed this extraordinary annual happening on two levels: the media exposure given the process of awareness building, and a gradual cultural appropriation—not just an ephemeral consumption—by its very users. For instance, the 2006 and 2007 editions proposed quality artistic content that was generous and on an intrinsically relational and human level (the contributions of Christian Barré, Pierre Bourgault, Réal Capuano, Claudine Cotton, Folie/Culture, Sonia Robertson, Jean-Jules Soucy, Karen Spencer, Armand Vaillancourt and Wapikoni Mobile spring to mind, to name but a few "artivist" visual artists), and one witnessed the appropriation of the event by the homeless themselves (as evidenced by their interest taken in the artists, involvement in event layout and security, dialogue, and so on)[6]; further, a strong media presence helped raise certain debates.

ENVIRONMENTALISM

– *Parc Industriel* (Industrial Park, 2001)

A large-scale environment in the heart of Montreal, *Parc Industriel* was conceived as "a place for amusement, reflection and encounter, [...] a stimulating aesthetic, architectural, historical and temporal experience." By turns an archaeological dig, a recycling plant for urban waste and a garden for community picnics, the park combined various environmental interventions which established the connection between the fate of our planet and our awareness as manifested through daily actions.

– *Attack No. 10* (2005)

In August and September of 2005, ATSA unleashed onto the streets of Montreal a squad of more than 300 officers who issued over 10,000 citizen's statements of offence, parking tickets in triplicate so similar to the city's authentic tickets as to be mistaken for them, to large polluting vehicles and their owners, as part of the Débraye : voiture à controverse event organized by the Fonderie Darling visual arts centre in Montreal. The manoeuvre, known as *Attack No. 10*, is crucial to an understanding of one of the fundamental aspects of ATSA's activism: its use of media shock waves as a means of channelling outrage, that violent spark inherent in all ATSA interventions which informs its socially engaged art. In fact, to a direct action that provokes multiple reactions from "guilty" drivers—e-mails showing support or justification, payments of the false fines at borough wickets, and even visits to ATSA offices—are added the amplification of the impact on the one hand, and on the other a clarification of the ethical nature of ATSA's socially engaged art. In terms of media exposure (a "notice" published during the event, a video, the symbolic delivery of the statements of offence to the municipal authorities in charge of sustainable development, the launch of a pan-Canadian campaign e.g. *Attack No. 11*), the *Attacks* move beyond the ambit of art to become part of socialized urban culture.

In terms of citizen engagement: by targeting "oversized, fuel-inefficient vehicles, engine idling, remote engine starters and poor vehicle maintenance" with a traffic citation that constitutes "a peaceful means of taking umbrage at vehicle purchase choices, ... ATSA manages to create an awareness-building tool, calls for regulation to protect Montrealers' quality of life, and provides a platform for speaking out to those citizens who daily do their share to preserve clean air and break the status quo, all this without fisticuffs or vandalism," and in fact, while taking a stand "against any act of vandalism and violence. As long as there are no adequate regulatory measures to control the consumption and use of polluting vehicles, citizen reaction will assuredly warm up along with the planet."

Attack No. 10 is a perfect illustration of ATSA's adaptability to various intervention strategies, of the way it negotiates the spectrum of engaged art which I described earlier, moving effortlessly from overtly militant and political strategies denouncing and confronting the symbols of power and authority to a type of socially engaged art focused on the concrete use of everyday resources at hand—in this case, automobiles, city officers, parking tickets, and so on—in order to change the way things are.

COLLECTIVE MEMORY

– *Les Murs du Feu* (Walls of Fire, 2002)

For the *Murs du Feu* project, ATSA created a walking tour based on the history and memory of Saint-Laurent Boulevard, aka "The Main," and in particular its Red Light district, as seen through the fires which transfigured it. The intervention was launched with an "incendiary manoeuvre" themed evening.

– *SHMATA* (2007)

MÉMOIRE COLLECTIVE

– Les murs du feu (2002)

Le projet *Murs du feu* recréait un parcours fondé sur l'histoire et la mémoire de la rue Saint-Laurent, la « Main », et en particulier le secteur « Red Light », à travers ses incendies. Une soirée « manœuvre incendiaire » démarra l'intervention (2002),

– SHMATA (2007)

Tour comme le parcours *Les murs du feu*, *SHMATA* sera une installation de conscientisation à ancrage historique. Un conteneur « soulignant l'importance de l'industrie du vêtement sur le boulevard Saint-Laurent au début du XXᵉ siècle » et diverses présences d'ATSA (*FRAG sur la Main*, 2004) ont ajouté, au-delà de leurs thématiques immédiates, à cette intéressante et nécessaire piste consistant à réintroduire la mémoire collective, historique dans les réflexions sur les transformations de la vie en milieu urbain. Au moment où se déroulait, en 2007, le Sommet Culturel de la Métropole pour financer un Quartier des spectacles à l'emplacement même du secteur « Red Light » de l'époque et alors que le monde ouvrier du textile vivait de profonds bouleversements, cette importante dimension venait compléter la vision collective, politique et sociale de l'art public mise en branle par l'ATSA.

Parmi les nouvelles pratiques de l'art engagé, *l'activisme* contextuel de l'ATSA se positionne de manière dynamique, en mouvance, tantôt en lien avec les luttes politiques (*Wild Capitalism Hunting Games, Le Sommet Désillusions*), tantôt en intervenant dans la vie quotidienne, faisant des réalités sociales son matériau de création (*État d'Urgence, Parc Industriel, Attentats, Le temps d'une brassée, Squat polaire*). Ce faisant, l'ATSA occupe un large registre politique et social, au sens évoqué par Nicolas Bourriaud, de l'art comme « formes de vie ».

L'ART COMME FORMES DE VIE

Tout art qui se veut engagé se doit de combiner ses élans de transgression à ceux de célébration plastique et de questionnements tant de la société que de l'art lui-même. C'est dire que les partis pris et engagements de l'ATSA trouvent encore leur pertinence dans la mise en forme de stratégies d'inscription dans le tissu social.

Dans la mesure où l'ATSA ne crée aucun corpus disciplinaire conventionnel (sculptures, photographies, documentaires, performances), on comprend que la masse critique créatrice de l'art engagé du duo s'enracine davantage du côté inter et multidisciplinaire de l'art action, des manœuvres et autres installations éphémères *in situ*. Ces « actions » et « situations » utilisent tantôt l'approche *démonstrative* pour dénoncer et conscientiser (*Le Sommet Désillusions, Attention : zone épineuse, Squat polaire*) ou pour rappeler à la mémoire des faits historiques (*Les murs de feu*), tantôt la sollicitation en appelant au rassemblement, à la participation et à la collaboration des gens (*Parc Industriel, État d'Urgence, Le temps d'une brassée*). Se situant principalement en dehors du « cube blanc » – figure couramment employée pour désigner les expositions et autres interventions à l'intérieur des lieux convenus du champ de l'art –, ces zones événementielles d'art immédiat font en sorte que les interventions de l'ATSA sont à l'abri de l'institutionnalisation.

Just like the *Murs du Feu* tour, *SHMATA* was an awareness-building installation steeped in history. A container "underscoring the importance of the garment trade on Saint-Laurent Boulevard at the turn of the 20th century" and various ATSA manifestations (*FRAG on The Main*, 2004) contributed, beyond their immediate thematic contexts, to this interesting and essential trail, which served to reassert the historic collective memory's place in the discourse on the transformation of city life. Occurring at the same time as the Montreal Cultural Summit, held to consider funding for a Quartier des spectacles (arts and entertainment district) at the selfsame location as the former Red Light district, a time when textile workers were experiencing major changes, this important aspect completed the social and political collective vision of public art established by ATSA.

Among the new engaged art practices, ATSA's contextual activism constitutes a dynamic proposition, ever in motion; sometimes aligned with political struggle (*Wild Capitalism Hunting Games, Le Sommet Désillusions*), at other times interacting in daily life, using social reality as its creative raw material (*État d'Urgence, Parc Industriel, Attacks, Le temps d'une brassée, Squat Polaire*). Indeed, ATSA has a wide political and social range, in the sense described by Nicolas Bourriaud of art as "life form."

ART AS LIFE FORM

Any art that considers itself to be truly engaged must combine its transgressive outbursts with a plastic celebration and questioning of both society and art itself. Which is to say that the stands taken by ATSA remain pertinent insofar as they serve to shape strategies for integration into the social fabric.

To the extent that ATSA does not create a conventional disciplinary body of work (such as sculptures, photographs, documentaries, performances), one can appreciate that the creative critical mass of the duo's engaged art is rooted rather in the inter- and pluridisciplinary aspects of action art, interventions, and other ephemeral site-specific installations. These "actions" and "situations" sometimes use the *demonstrative* approach to denounce and raise awareness (*Le Sommet Désillusions, Attention : Zone épineuse, Squat Polaire*) or recall historical facts (*Les Murs du Feu*), while at other times solicit the coming together, participation and collaboration of the public (*Parc Industriel, État d'Urgence, Le temps d'une brassée*). Positioned by and large outside the confines of the "white cube"—a popular expression used to denote exhibitions and other interventions held within conventional art-world venues—these zones of "immediate art" ensure that ATSA's interventions resist institutionalization.

MEDIA VIOLENCE AS A BUFFER AGAINST TRUE TERRORISM

The originality of ATSA's brand of engaged art is largely attributable to the duo's explicit manner of investing the media space as "communicational action." More potent a platform than their numerous conferences and workshops or their social branding through the various derived products featured on their website,[7] is the shock value of their work, through which ATSA radically expresses its outraged, violent, almost terrorist side! Successive

Le temps d'une brassée | 2004 Pour Cohabitations : Commune Mesure? à la galerie Axenéo 7 de HULL. Déviation du sens purement esthétique de la galerie d'art en lui imposant une nouvelle utilité : devenir une buanderie gratuite composée de trois laveuses à l'eau froide et de cordes à linge accessibles au public, ce qui changera la dynamique de rencontre du quartier.

Le temps d'une brassée | 2004 Part of the Cohabitations: Commune Mesure? event at Galerie AXENÉO7, in Hull. A deviation from an art gallery's purely aesthetic role, infusing it with a new purpose by transforming it into a laundromat; comprising three cold-water washing machines and clotheslines accessible free of charge to the public, its aim is to change the dynamic through which people in and of the neighbourhood meet one another.

DE LA VIOLENCE MÉDIATIQUE COMME ZONE TAMPON AU RÉEL TERRORISME

L'originalité du « style » d'art engagé de l'ATSA tient pour une large part à cette manière explicite de s'inscrire comme « agir communicationnel » dans l'espace médiatique. Tribune plus significative que leurs nombreuses conférences et ateliers ou leur « branding » propre à l'économie dite sociale des différents sous-produits annoncés sur leur site Internet[7], c'est davantage par la formulation choc de leurs thématiques que l'ATSA exprime radicalement son côté révolté, violent, presque terroriste! Les éditions successives d'*État d'Urgence* sont très révélatrices à cet égard. Après s'être attiré un capital de solidarité artistique dans le milieu de l'art, la persistance à reprendre annuellement l'événement a permis à l'ATSA de s'infiltrer dans les médias de masse, depuis les « clips » de fins de bulletins jusqu'à l'émission à forte écoute comme *Tout le monde en parle* en 2006. Il en va de même pour la série des *Attentats*, notamment l'épisode des « contraventions » qui a provoqué des échanges entre les citoyens et les édiles de leur arrondissement, certains se présentant même chez les artistes pour s'expliquer!

Cette percée contribue à relever un des nouveaux défis qu'a bien cernés André Rousseau du Forum social québécois, un expert en médias : il est devenu nécessaire que les citoyens (et artistes) deviennent des participants directs dans les espaces publics de débats que sont la télévision, la radio, les blogues et autres sites dans l'Internet ou dans une publication comme celle-ci. Que ce soit dans la rue ou dans les médias, il s'agit de transformer des publics passifs en participants actifs ou, à tout le moins, d'initier un regard critique. C'est en ce sens que l'ATSA tente de « marquer l'image » par l'art.

STYLISER LE TERRORISME, EN DÉBATTRE ET CHANGER LE MONDE ENSEMBLE

L'art engagé de l'ATSA entretient toutefois une constante tension entre signifiants et signifiés. Bien qu'exprimant médiatiquement l'impression d'être des actions « terroristes », les interventions du duo construisent, de son propre aveu, des interventions pacifistes, aux visées réformistes, « socialement acceptables ». Qu'en est-il justement de l'impact émancipatoire réel de ses stratégies? Autrement dit, en quoi la « révolte », moteur de tout engagement, peut-elle paradoxalement se présenter à la fois comme « terroriste » et « socialement acceptable »?

Certes, les fondements éthiques et idéologiques à la base des interventions esthétiques de l'ATSA, soit une critique du système actuel et un parti pris pour des réformes positives – on l'a vu par leur mouvance –, sont aussi politiques. L'ATSA assoit effectivement ses interventions en art social sur une critique altermondialiste du capitalisme de la mondialisation et sur un ensemble de zones micropolitiques : luttes locales issues des mouvements sociaux, critique du système capitaliste mondial, misère des itinérants, déforestation, pollution des véhicules, surconsommation, ouverture vers les communautés populaires et ouvrières, maintien de la mémoire historique, etc.

Mais, malgré leur appellation, il tombe sous le sens que c'est du côté d'un activisme politique et social recherchant, sous la stupeur que provoquent nombre de leurs manifestations, la conscientisation du plus grand nombre de même que des réformes et des changements tant à la micro-échelle des individus qu'à la macro-échelle des gouvernements et des producteurs politico-économiques. De toute évidence, l'ATSA revendique une responsabilité citoyenne par l'art :

« L'ATSA [...] crée des œuvres d'interventions urbaines sous forme d'installations, de performances ou de mise en scène réalistes faisant foi des aberrations sociales, environnementales et patrimoniales [...] questionn[a]nt le paysage urbain et redonn[a]nt à la place publique sa dimension d'espace ouvert aux discussions et aux débats de société. ATSA prône une vision non hermétique, active et responsable de l'artiste comme citoyen prenant part au développement durable de la société. Sa démarche vise à utiliser le propos esthétique et symbolique de l'art en un outil de changement social. Leur rôle d'artiste est de créer des œuvres qui [...] font réagir et agir [et génèrent] une action citoyenne positive [... à titre d']acteur important de l'évolution de la société[8]. »

Le philosophe et théoricien Michaël La Chance, dans son récent ouvrage *Œuvres-bombes et bioterreur. L'art au temps des bombes*, appelle justement « capital-souffrance » cette assise de l'art social comme le pratique l'ATSA :

« [...] l'art rencontre les formes extrêmes de l'oubli, de la mort, du faux, de l'abnégation de soi. Autant d'occasions de rappeler que de tout temps nous avons fait de l'art avec l'insomnie, la maladie, le refus suicidaire du monde, la folie. Car l'histoire de l'art est aussi une histoire de la souffrance [...]. Aujourd'hui cependant, la société est transformée en scène d'actualités où il semble que la souffrance, toute la souffrance de la planète, peut s'exprimer sans être mise en forme. C'est ainsi que l'attentat-suicide devient une œuvre d'art ultime, la déflagration de feu devient pure souffrance libérée, acharnement instantané. Nous comprenons ainsi pourquoi cette "ex-pressivité" physique, mais aussi pathique, intéresse les artistes, pourquoi cela change leur façon de faire de l'art [...]. Ce que Pierre Allard et Annie Roy de l'ATSA (Action terroriste socialement acceptable) ont remarquablement bien compris et orienté[9]. »

Ce faisant, l'ATSA participe non seulement à cette tendance d'élargissement du registre de l'art engagé en situant ses pratiques du côté de l'art social, mais aussi nourrit directement les débats quant au réel impact émancipatoire de tout art engagé.

PARTICIPER EN ACTES AUX DÉBATS

Quel impact concret faut-il accorder à tout cet *activisme* citoyen par l'art? Formuler une réponse à la question, c'est s'immiscer au cœur du récent débat international sur la nature de l'engagement et de l'art politique qui a pris place dans les années 2000. Ces *idéologies imagées critiques* à l'œuvre, pour reprendre l'expression d'Hadjinicolaou[10], engendrent des débats entre différentes visions du monde. L'engagement de l'ATSA se situe de manière

Pour tout l'art du monde

Éteignez vos moteurs !

SOCIÉTÉ > Qui a peur des pauvres ?

État d'urgence : un affront à l'inertie

ÉVEILLEURS DE CONSCIENCES

Les «terroristes» de l'ATSA seront en ville cette semaine avec la ferme intention de fomenter un attentat à la voiture piégée. Attention, art-action.

Haro sur les véhicules utilitaires

L'Action terroriste socialement acceptable lance Attentat n° 1 *une nouvelle campagne artistico-percutante*

Art for garbage's sake

Socially conscious artists recycling vacant lot into one-of-a-kind par

Terrorists launch art attack

« Engagez-vous »
qu'ils disaient...

Quand le terrorisme est un humanisme

editions of *État d'Urgence* are quite revealing in this respect. After attracting a wealth of goodwill from the art community, ATSA's persistence in holding the event each year enabled them to work their way onto the radar of the mass media, this taking the form of clips shown at the tail end of newscasts or an interview during the ratings bonanza that is *Tout le monde en parle* in 2006. The same can be said for the *Attacks* series, in particular the "parking tickets" episode that sparked energetic dialogue between citizens and their borough councillors, some even going so far as to show up at ATSA headquarters to justify their actions!

This mediatic breakthrough helps meet one of the new challenges that André Rousseau, of the Forum social québécois and a media expert, has successfully identified: it has become necessary for citizens (and artists) to become direct participants in the public debate forums that are television, radio, blogs and other websites, and a publication such as this one. Whether in the street or in the media, the mission is to transform passive audiences into active participants, or at the very least, to foster a critical outlook. It is along these lines that ATSA attempts to change the "perception of image" through art.

STYLIZING TERRORISM TO HELP CHANGE THE WORLD

ATSA's engaged art nonetheless maintains a constant tension between signifiers and signified. Although portrayed in the media as "terrorist" actions, the duo's interventions are, by its own admission, pacifist and aimed at achieving "socially acceptable" reform. What then of the authentic emancipatory impact of its strategies? In other words, how can "outrage," which drives any form of engagement, be presented paradoxically as both "terrorist" and "socially acceptable"?

Naturally, the ethical and ideological foundations of ATSA's aesthetic interventions, namely a critique of the current order and a stand taken in favour of positive reform—as evidenced by their adaptability—are also political. ATSA's social art interventions are firmly grounded in an alterglobalist critique of globalized capitalism and in a range of micropolitical areas: local struggles that are outgrowths of social movements, the critique of the global capitalist system, the poverty of the homeless, deforestation, vehicle pollution, rampant consumerism, empathy with the working class, the preservation of the historical memory, and so on.

However, in spite of their monicker, theirs is, in the final analysis, a political and social activism seeking, amidst the astonishment generated by many of their interventions, the awareness of the greatest possible number of people as well as reform, as much at the micro level of the individual as at the macro level of governments and political and economic players. ATSA's art is clearly a call for a responsible citizenry:

> ATSA creates urban interventions in the form of installations, performances and realistic productions that bear witness to social, environmental and patrimonial aberrations, while questioning the urban landscape and restoring to the public space its role as an open forum for discussion and societal debate. ATSA advocates a role for artists that is open, active and responsible, in keeping with their status as citizens engaged in the sustainable development of society.

Its approach consists of using the aesthetic and symbolic discourse of art as a tool for social change. Their role as artists is to create works that provoke reaction and action, and that bring about positive citizen action that acts as a major driver of society's evolution.[8]

Philosopher and theoretician Michaël La Chance, in his recent work *Œuvres-bombes et bioterreur. L'art au temps des bombes*, ascribes the term "ultimate suffering" to this foundation of social art as practiced by ATSA:

> "... art encounters the extreme forms of neglect, oblivion, death, falsehood, self-denial. All are opportunities to remind us that man has always made art with insomnia, sickness, the suicidal rejection of the world, folly. For the history of art is also that of suffering.... Today, however, society is transformed into the scene of a myriad sufferings, where the suffering of the entire planet is expressed without taking on a specific form. Thus, the suicide attack is become the ultimate work of art, the act of self-combustion a liberation from the bonds of earthly suffering, an instantaneous fury. One understands why this physical, but also sick, form of expression is of interest to artists, why it changes their way of making art .... Something Pierre Allard and Annie Roy have understood remarkably well and applied.[9]"

That said, ATSA not only participates in the trend toward broadening the range of engaged art by drawing inspiration from social art practices, but also directly fuels the debate on the authentic emancipatory impact of all art deemed "engaged."

ACTIONS AS CONTRIBUTIONS TO DEBATE

What true impact can be ascribed to all this art-based citizen activism? To begin to answer the question is to immerse oneself into the very core of the recent international debate on the nature of engagement and political art that waged on during the 2000s. These operant "critical imaged ideologies," to borrow a phrase coined by Hadjinicolaou,[10] spark debate between competing worldviews. ATSA's engagement lies unmistakably on the fault line of this ethical and aesthetic debate. Among art experts (theoreticians, critics and curators), two camps are squared off: those who see an institutional appropriation, or at the very least, bowdlerizing of any political or social art; and those, among whom we count ourselves, who see in such art a healthy broadening of the strategies of engagement through art.

DEPOLITIZATION AND APPROPRIATION

Dominique Baqué, in his essay *Pour un nouvel art politique. De l'art contemporain au documentaire* (2004), tears down the pretense of a political engagement seeking to "transform society" that is the calling card of contextual and relational practices which, like ATSA's, are based on suffering and on what he calls "the charitable derivatives of engaged art," that is, the keen awareness of what Pierre Bourdieu so aptly called "the misery of the world," and the conviction that it is possible to remedy such misery not just through citizen action but also artistic action able to shape the world:

> "In Canada, ATSA, a Quebec-based collective, organizes public actions, the epitome of which might be *État d'Urgence*, staged in 1998 to mark the 50th anniversary of the Universal Declaration of Human Rights:

À vos marques | 2001 Dans le cadre d'Espaces Émergents. Exploitant la profondeur du lieu comme métaphore du manque de vision à long terme de notre organisation mondiale, un labyrinthe de souliers, rappelant à la fois les lieux sacrés et l'ancienne usine de l'American Can, nous mène à vivre une course contre la montre. La fin de parcours vous pose la question: Vers quoi courrez-vous?

À vos marques | 2001 For the Espaces Émergents event. Exploring the possibilities of place as a metaphor for the myopia of our world's organization, a labyrinth of shoes serves as a reminder both of sacred places and of the former American Can factory and engages us in a race against the clock. At the end of the trail, we are met with THE big question: exactly what are you running toward?

incontournable sur la ligne du risque de ce débat d'éthique et d'esthétique. Chez les experts de l'art (théoriciens, critiques et commissaires), deux clans s'affrontent. Il y a ceux qui font le constat d'une récupération ou, à tout le moins, d'une neutralisation institutionnelle de tout art politique et social. Il y a ceux – dont nous sommes – qui y voient un salutaire élargissement des stratégies de l'engagement par l'art.

DE LA DÉPOLITISATION ET DE LA RÉCUPÉRATION

Dominique Baqué, dans son essai *Pour un nouvel art politique. De l'art contemporain au documentaire* (2004), démolit la prétention d'engagement politique « à changer le monde » de ces pratiques contextuelles et relationnelles qui, comme l'ATSA, se fondent sur la souffrance et sur ce qu'elle nomme « les dérives caritatives de l'art engagé », à savoir cette conscience aiguë de ce que Pierre Bourdieu a pu appeler avec justesse « la misère du monde », et la conviction qu'il est possible d'y remédier par des actions non seulement citoyennes, mais aussi artistiques susceptible de façonner le monde :

> « Au Canada, ATSA (Action terroriste socialement acceptable), collectif québécois, organise des actions publiques dont le modèle pourrait être *État d'Urgence*, qui se déroula en 1998, à l'occasion du cinquantième anniversaire de la Déclaration universelle des droits de l'homme : après avoir convaincu (Comment ? On l'ignore…) les forces armées canadiennes de dresser un camp Place des Arts, à Montréal, le groupe ATSA met à la disposition d'environ cinq cents personnes démunies des vêtements plus adaptés, des repas chauds et des tentes décemment habitables. Au risque encouru de choquer ou de se voir taxé d'un cruel manque d'humanisme, on voudrait ici affirmer une position polémique parfaitement claire et assumée comme telle : l'art que l'on a appelé « caritatif » mélange les genres, nourrit de fausses illusions, et, au prétexte d'activer le social, se dévoie en un humanitarisme qui, avec une culpabilité inavouée, tente en vain de racheter, de rédimer l'éternelle inefficacité de l'art, sa clôture sur ses propres problématiques, son enfermement dans les lieux circonscrits[11]. »

Cette attaque contre l'ATSA et, partant, contre les autres praticiens d'art politique et social – je pense ici à des groupes comme Folie/Culture ou Engrenage Noir – amène Baqué à argumenter que, désormais, c'est le documentaire (vidéo et cinéma) qui est devenu le véhicule signifiant comme art engagé, se substituant aux autres arts visuels. Cette déqualification en bloc des formes de contestation, de revendication et d'exemples comme solutions de remplacement au réel existant, trouve chez plusieurs théoriciens et critiques un point de vue non seulement nuancé mais aussi qui dégage une compréhension autre, allant dans le sens de l'élargissement de l'engagement. Mentionnons au passage la réalisation du film de Magnus Isacsson et de Simon Bujold, produit par Jeannine Gagné à Amazone Films, sur le travail de l'ATSA et dont la sortie est prévue pour l'automne 2009.

ÉLARGISSEMENT DE L'ENGAGEMENT ?

Dans ce débat d'attitudes et d'intentions, on retrouve plusieurs défenseurs de l'élargissement salutaire des pratiques engagées comme art social et comme art communautaire humaniste. Ainsi, le sociologue de l'art québécois Louis Jacob, par ce qu'il appelle *les pratiques collaboratives*, souligne avec clarté que

(514-844-9830)

« ce que l'on nomme commodément aussi "art engagé" renvoie aujourd'hui à une grande variété de pratiques » :

> « Bien entendu, ces pratiques s'inscrivent en partie dans les traditions de l'avant-garde, de l'animation culturelle et du militantisme du XXᵉ siècle. Mais l'espace politique et social lui-même est aujourd'hui en pleine transformation, les qualités matérielles, relationnelles, symboliques de l'espace public sont à reconquérir, dans les pensées comme dans les actes [...]. Sur le plan de la création, la participation active de personnes de prime abord étrangères au monde de l'art (les habitants d'un quartier, les usagers d'un parc public, les élèves d'une école, des touristes de passage, etc.), voire des déshérités, des exclus, des marginaux, entraîne une nécessaire réévaluation des expériences, des formes et des critères de jugement de ces formes [...]. L'idée est simple : après avoir tenté une chose proprement impossible, [...] soit de représenter et d'exprimer la vie – parce que la vie est expression – et de changer la société parce que la société change –, les artistes chercheraient maintenant à s'immiscer dans la vie sociale, par tous les moyens [...]. Nous sommes donc en présence d'un ensemble complexe de pratiques artistiques qui prendra des directions tantôt sociale ou communautaire, tantôt humanitaire ou politique, tantôt encore expérimentale [...]. Cet art participatif dit engagé, quels que soient ses orientations et ses moyens spécifiques, nous présente une formidable occasion d'aller au-delà du constat désabusé sur l'échec des politiques de démocratisation de la culture pour repenser les pouvoirs et les fonctions de l'art dans la société[12]. »

Jacob rejoint ici une Claire Moulène qui, dans son intéressant petit livre *Art contemporain et lien social* (2007), insiste sur la pleine importance du lien social de l'art « face au brouillage généralisé de nos repères les plus fondamentaux, face à la dislocation si souvent dénoncée de notre société [...], l'artiste [étant] celui qui emboîte le pas à la société, celui qui l'accompagne, la dissèque ou la décrypte, et offre au passage des alternatives, souvent critiques, qui permettent de penser autrement le réel[13] ».

Appelé à revisiter de manière critique le concept *d'art contextuel comme moments micropolitiques* qu'il avait mis de l'avant au début des années 2000, l'historien et critique d'art Paul Ardenne – sans nier le formidable pouvoir d'absorption par les institutions des pratiques porteuses d'émancipation en les neutralisant une fois qu'elles se retrouvent dans des expositions ou événements subventionnés et institués pour que « l'art ne fasse pas scandale, qu'il soit un simulacre en institution, domestiqué, s'autocensurant et produisant de l'animation culturelle esthétisant les misères du monde » – n'en dégage pas moins un renouvellement des conditions de dissidence et de résistance :

> « L'artiste contextuel s'engage et cet engagement n'est pas sans produire un effet [selon] que l'artiste use de la rue ou de la proposition insolite ou absurde, qui excite les médias et attire l'attention sur lui ou sur son positionnement critique [par] la logique de dénonciation, l'opérationnalité erratique, la méchanceté, le cynisme[14]. »

Paul Ardenne réfère ici à ces praticiens d'un art contextuel comme l'ATSA qu'il qualifie de « semi-périphérique contractuel ». Reconnaissant que, pour des raisons de financement et d'intervention dans la cité sur la place publique, donc hors du « cube blanc », ces artistes engagés, se devant de constamment négocier, contracter des subventions et autres permissions administratives, n'en conservent pas moins une indépendance stratégique et idéologique face à ces institutions.

after having convinced (How? We know not...) the Canadian Armed Forces to set up camp at Place des Arts, in Montreal, ATSA makes available to about 500 underprivileged individuals more-suitable clothes, warm meals, and tents that serve as decent shelters. At the risk of shocking certain people or being branded with the epithet 'inhumane,' we wish here to take a perfectly clear polemical stance: so-called 'charitable' art mixes genres, feeds false hopes, and, with the pretext of activating the social environment, goes astray into a humanitarianism that, with a culpability it will not admit to, tries in vain to atone for the eternal ineffectiveness of art, its refusal to acknowledge its own limitations, and its confinement within specific, limited environments.[11]"

This full-on attack against ATSA and, thus, against other practitioners of political and social art—outfits such as Folie/Culture and Engrenage Noir come to mind—leads Baqué to argue that henceforth documentary (video and cinema) is *the* meaningful form of engaged art, usurping the other visual arts. This across-the-board dismissal of other forms of contestation and protest as expressions of valid alternatives to the existing order is met by numerous theoreticians and critics with a more nuanced point of view that reflects another reading altogether, one leaning toward the broadening of engagement. It is worth noting in passing the film by Magnus Isacsson and Simon Bujold, produced by Jeannine Gagné at Amazone Films, on ATSA's work, slated for release in Fall 2009.

A WIDENING SOCIAL ENGAGEMENT?

In this debate of attitudes and intentions, one finds many defenders of the healthy broadening of engaged practices as social art and humanist community-based art. Thus, Quebec art sociologist Louis Jacob, through what he calls *collaborative art practices*, clearly emphasizes that "what we conveniently call 'politically engaged art' currently refers to a great variety of practices":

> "[These] practices [are] inscribed in part, of course, in the 20th century traditions of the avant-garde, cultural action and militancy. But political and social space is itself undergoing a complete transformation, and the material, relational and symbolic qualities of public space must now be reconquered in both thought and action.... At the level of artmaking, the active participation of people initially unfamiliar with the art world (neighbourhood members, users of public parks, students, tourists in transit, etc.) and indeed of the dispossessed, the excluded and the marginal, brings about a necessary re-evaluation of the experiences and forms involved, as well as of the criteria used to judge those forms.... We are dealing therefore with a complex set of art practices striking out in directions that are by turns social, communitarian, humanitarian, political and experimental.... participatory art (which is said to be socially engaged) presents us with a great opportunity to go beyond a disabused acknowledgement of the failure of cultural democratization policies and to rethink the powers and functions of art in society.[12]"

In this regard, Jacob echoes Claire Moulène, who, in her interesting little book *Art contemporain et lien social* (2007), recognizes the full importance of art's social dimension "given the generalized loss of our fundamental bearings, the oft-denounced disintegration of our society ..., the artist being the one who follows society's lead, accompanying it, dissecting it or deciphering it, and in so doing suggesting alternatives, often critical, that allow us to imagine reality otherwise." [13]

Called upon to revisit and critique the concept of *contextual art as micropolitical moments* he had espoused in the early 2000s, art historian and critic Paul Ardenne—without denying the formidable capacity of institutions to absorb emancipatory practices by neutralizing them as soon as they find themselves in subsidized institutional exhibitions or events, in order that "art cause not scandal, that it be an institutionalized simulacrum, domesticated, self-censoring and relegated to a form of cultural animation aestheticizing the misery of the world"—nevertheless sees in it a renewal of the conditions of dissidence and resistance:

> "Contextual artists engage themselves and this engagement is not without producing an effect, depending on whether they use the street or an unusual or absurd approach, arousing the interest of the media and attracting its attention toward them or their critical stance through the logic of denunciation, erratic operationality, nastiness or cynicism.[14]"

Paul Ardenne refers here to practitioners of contextual art such as ATSA as "semiperipheral temps," acknowledging that, for reasons of funding and because their interventions take place in the city's public space, and thus outside the "white cube," these engaged artists, obliged to constantly negotiate subsidies and other administrative authorizations with institutions,

Ce dernier en appelle même à plus de rébellion! Pour lui, dans un contexte immoral, il faut un art immoral et demi, dans un contexte pourri, un art pourri et demi. Cette capacité de maintenir intact, selon diverses stratégies d'agir communicationnel et formel, l'essentiel de l'émancipation recherchée est observable dans les desseins de l'ATSA. On n'a qu'à penser ici à *Wild Capitalism Hunting Games*, aux *États d'Urgence* et aux *Attentats*.

SUR LE TERRAIN

Un tel débat sur l'engagement, loin de n'appartenir qu'aux savants, s'enrichit tout aussi bien des points de vue de la base, des acteurs de terrain et du monde concerné. Dans cette perspective, il m'a paru pertinent de convier les témoignages de trois « acteurs de terrain » – la sans-abri, la régisseuse de la zone et l'animateur du banquet – et un artiste, directement concernés par la manifestation la plus connue de l'ATSA soit *État d'Urgence* :

LA SANS-ABRI

(Ce premier témoignage vient d'une jeune femme sans abri qui a vécu la dernière édition.) Elle m'a écrit :
« Merci cher Sioui pour le chocolat chaud et ce bref moment... durant ATSA... On continue la discussion... via @ ? Sur ces états d'urgence... Si on m'avait offert une caméra pour filmer... non – je ne l'aurais pas vendue sur la "rue"... Mais la blague était bonne!!! À tous ceux qui critiquent l'event – je pourrais ajouter que le plus grand mérite est d'être autrement qu'aseptisé... Comme le sont la "plupart" des services d'"urgence" offerts durant l'année... et qui sont finalement des non-lieux... où se sentir "malade" est plus la norme que celle d'être "vivant"... Enfin – basta – pour l'instant et on verra la suite!!! »

LA RÉGISSEUSE

« L'ATSA, je l'ai vécu de l'intérieur, principalement par l'État d'Urgence, en étant la coordonnatrice des bénévoles et en développant plusieurs dimensions des services offerts dans le volet Premières Lignes (don de nourriture, don de vêtements, services des repas, dortoir, récupération, accueil).

Après trois années consécutives, j'y ai vu le nombre de bénévoles passer de 60 à 292, j'y ai vu le nombre de repas augmenter de 125 à 250, j'y ai vu l'apparition d'un accueil pour les visiteurs, j'y ai vu l'augmentation de la récupération passer à presque 2 tonnes de déchet et compost, j'y ai vu les artistes participer d'une dizaine à 122 en 2007...

Mais en plus de ce que j'y ai vu, c'est ce que j'y ai vécu, entre deux courses pour trouver les clés, monter les tables ou ravitailler la collation, qui démontre la grandeur de l'engagement traduit à travers les innombrables instants passés sous la tente. Il faut pouvoir y croiser ces yeux, y entendre ces voix, y percevoir ces sourires, y toucher ces cœurs et y rencontrer ces êtres à qui l'on offre le café chaud du matin ou le foulard doux pour le cou. Et lorsque l'on est chanceux, il nous est même possible d'y recevoir ce câlin qui mettra sur la scellète toute la portée d'un tel événement dans la vie de chacun des êtres humains que nous sommes, à ce moment précis. Voici que le Pierre-Jean-Jacques du mercredi devient le Pierre, le Jean et le Jacques du lundi suivant. Voilà ce qui justifie la fin de tous ces moyens mis en scène pour permettre

nonetheless maintain a strategic and ideological independence from those same institutions.

Ardenne even calls for more rebellion! For him, when faced with an immoral situation, what is required is an art that ups the ante on immorality; in other words, within a rotten system, art must be rotten and then some. This capacity to maintain intact, through various strategies of communicative and formal action, the essence of the emancipation sought can be observed in ATSA's work. One has but to consider *Wild Capitalism Hunting Games*, the *État d'Urgence* series and the *Attacks*.

ON THE FIELD

Such a debate on engagement, far from being the sole province of the erudite, can benefit just as much from the viewpoints of the "players on the field" and those directly concerned. In light of this, I found it pertinent to gather the impressions of three such "players"—a homeless woman, the production manager and the banquet emcee—and of an artist, all directly touched by ATSA's best-known intervention, *État d'Urgence*:

THE HOMELESS WOMAN

(This first testimonial comes from a young homeless woman who participated in the last edition of *État d'Urgence*.) She wrote to me: *Thanks, dear sioui for the hot chocolate and our brief moment... during ATSA... Let's continue our conversation... via @ ? On these states of emergency... Had I been offered a video camera to shoot... no, I wouldn't have sold it on the "street," ha ha!! To all those who criticize the event, I'll just say that there is great merit in being other than aseptic... (or a skeptic...) as are most of the "emergency" services provided throughout the year... which are, at the end of the day, "dead ends" where feeling sick is the norm, rather than feeling alive... But that's enough for now... and for the rest, we shall see what we shall see!!*

THE PRODUCTION MANAGER

I've experienced ATSA from within the organization, chiefly through my involvement in État d'Urgence, as volunteer coordinator and by developing numerous services offered for the "front line" component of the event (food and clothing donations, serving of meals, sleeping quarters, recycling, welcome area).

After three consecutive years, I have witnessed a fivefold increase in the number of volunteers, from 60 to 292; I've seen the number of meals double, from 125 to 250; I've seen the setting up of a welcome area for visitors; I've seen recycling and waste management efforts grow to the point where the event now handles almost two tons of waste and compost; I've seen the number of artists involved go from a dozen to 122 in 2007...

But aside from what I've seen, what is important to me is what I've experienced, between running around for keys, setting up tables or replenishing the snack table: major commitment by all involved, readily apparent under the big top. You just have to look into all those eyes, hear those voices, look at those smiles, touch those hearts and meet those people to whom we proffer a cup of hot chocolate or a warm scarf. And if we're lucky, we even get a hug, which really brings home the beauty of such an event and how it affects our lives as human beings, living in the present moment. This is when the Tom, Dick and Harry's we all encounter during the work week get rehumanized and

cette rencontre entre deux corps, entre deux cœurs qui se donneront rendez-vous à chaque année.

> "Laisse le monde te changer et tu pourras changer le monde."
> – Che Guevara (si ma mémoire est bonne)»

L'ANIMATEUR

«Je participe depuis le début à ce camp de réfugiés qui durant une semaine apporte un peu de chaleur et de plaisir à des gens qui n'ont rien. J'anime le bingo et à chaque année la tente est pleine. Ça crie, ça saute de joie... Des artistes créateurs qui travaillent comme des fous à faire d'un parc à junkies, un endroit de rêve pour une petite période. Vous avez un cœur de pierre si vous ne comprenez pas le bien immense que ce petit camp de réfugiés apporte à ceux qui viennent y manger, dormir au chaud ou s'amuser. Le rôle des artistes n'est pas celui du gouvernement. Les artistes créent afin de montrer à tous la souffrance énorme des sans abri.»

UN ARTISTE

«Au-delà de la magie par la création que j'apporte sur le site. Progressivement, à mesure que je me retrouve jour après jour parmi et avec ces gens, j'ai ressenti de plus en plus vivement la dureté de la vie dans la rue et le besoin criant d'agir, de se solidariser. De recommencer. De déranger.

Au contact des interventions multiformes de l'ATSA, un cri du cœur revient sans cesse : *l'humain avant tout!* Toute révoltes, toutes dénonciations, toutes luttes, toutes manifestations, aussi violentes ou éclatantes soient-elles avec leurs slogans sociopolitiques, comme ces installations dérangeantes ou ces diffusions à grande échelle comme l'enclenchent la plupart du temps l'ATSA, ne prennent-elles pas vraiment tout leur sens en renouant avec cette formidable empathie à la base : le don d'humanité pour une meilleure justice sociale et culturelle?»

DES SOCIÉTÉS/ESPOIRS À IMAGINER

L'art engagé de l'ATSA prend donc ancrage dans la complexité du réel. Leur slogan « quand l'art passe à l'action » chapeaute leur engagement parce que leur créativité se veut déclencheur d'actions communes envisageant « le spectateur comme un citoyen et un être politique en renouant avec la rue, l'espace urbain ainsi que la prise de parole[15] ». Bien que composant avec l'environnement politique en place et la quotidienneté ambiante, ils cherchent, comme le souligne Claire Moulène, « à faire ressortir les aspérités et les tensions qui tiennent aujourd'hui la société ».

> «Qu'ils agissent en direct sur la société dans laquelle ils évoluent par le biais d'interventions plus ou moins spectaculaires ou qu'ils préfèrent échafauder avec discrétion les soubassements de communautés virtuelles qui agitent l'imaginaire du lien social, les artistes contemporains [...] démontrent chacun à leur manière que l'art loin d'être coupé du réel, lui offre au contraire tantôt une échappatoire constructive, tantôt une prise de conscience inédite[16]. »

Artistes « actuels » – au sens d'art en actes – au Québec, l'ATSA assume et poursuit cette longue lignée de « rêveurs », porteurs d'espoir pour nous tous, comme le signale avec lucidité le sociologue Jean-Jacques Simard à propos du rôle de l'intellectuel et de l'artiste dans la société :

> «Toute société humaine, n'importe où et n'importe quand, reconnaît une sorte de savoir qui y justifie le pouvoir tout en débouchant sur l'espoir. Des rôles typiques en naissent, depuis le « shaman » des peuples semi-nomades et le « griot » du village jusqu'à l'« expert » d'aujourd'hui, en passant par le « prophète » juif, le « poète » homérique, l'« augure » romain, le « gourou » indien, le « philosophe » confucéen ou kantien et, oui, hélas! parce qu'il est aussi irrémédiablement daté et situé dans les démocraties de masse urbanisées, l'« intellectuel public [...][17]. »

Autrement dit, donner l'exemple.

1. Michaël La Chance, *Œuvres-Bombes et Bioterreur. L'art au temps des bombes*, Québec, Inter Éditeur, 2007, p. 193.

2. Voir Jurgen Habermas, *Théorie de l'agir communicationnel*, Paris, Fayard, 1987.

3. Guy Sioui Durand, *L'art comme alternative. Réseaux et pratiques d'art parallèle au Québec. 1976-1996*, Québec, Inter Éditeur, 1997.

4. Albert Camus est sans doute l'intellectuel engagé qui a le plus réfléchi à l'état de révolte à la base de l'éthique et de l'action politique. Voir Lionel Dubois (dir.), *Albert Camus : La Révolte*, Poitiers, Éditions du Pont Neuf, 2001.

5. Extraits du site www.atsa.qc.ca. Les citations dans les descriptions d'œuvres proviennent de ce site.

6. En débat avec l'éditorialiste du journal *Le Devoir*, Jean-François Nadeau, à l'émission « Macadam Tribus » de la radio de Radio-Canada en novembre 2007, Annie Roy de l'ATSA mentionnait à ce propos : « À chaque année, les sans-abri nous disent "c'est la seule fois de l'année où je me sens utile". En effet, plusieurs d'entre eux, avant même que je colle les posters dans les refuges, ont imprimé les dates sur le babillard et s'offrent à aider l'équipe de l'ATSA au montage. Tout au long du camp, nous formons une équipe mixte où les gens du public se mélangent à la rue et quand on se dit à l'année prochaine, c'est important. Maintenant, au camp, on se fait demander "c'est qui les artistes cette année?", alors là on est passé à autre chose – la curiosité. »

7. Voir Naomi Klein, *No Logo. La tyrannie des marques* (Paris, Actes Sud ; Montraél, Leméac, 2001) ainsi que Joseph Heath et Andrew Potter, *Révolte consommée. Le mythe de la contre-culture* (Montréal, Éditions du Trécarré / Quebecor Media, 2005).

8. Extraits du site www.atsa.qc.ca.

9. Michaël La Chance, *op. cit.*, p. 38.

10. Nicos Hadjinicolaou, *Histoire de l'art et lutte des classes*, Paris, Maspéro, 1978.

11. Dominique Baqué, *Pour un nouvel art politique. De l'art contemporain au documentaire*, Paris, Flammarion, 2004, p. 138-139.

12. Louis Jacob, « L'art au détour de la sociétés. Les pratiques artistiques participatives », dans *Culture pour tous. 10 ans des journées de la culture*, Trois-Rivières, Éditions d'Art le Sabord, p. 31, 33-34.

13. Claire Moulène, *Art contemporain et lien social*, coll. Imaginaire : mode d'emploi, Paris, Éditions Cercle d'art, 2007, p. 19.

14. Paul Ardenne, « L'art en contexte réel : constats et perspectives », dans Éric Van Essche (dir.), *Les formes contemporaines de l'art engagé. De l'art contextuel aux nouvelles pratiques documentaires*, Bruxelles, La lettre volée, 2007, p. 93.

15. Extraits du site www.atsa.qc.ca.

16. Claire Moulène, *op. cit.*, p. 125.

17. Jean-Jacques Simard, *L'éclosion. De l'ethnie-cité canadienne-française à la société québécoise*, Québec, Septentrion, 2005, p. 305-306.

become Tom, Dick, and Harry, the individuals. This in itself justifies all the means taken to make possible this meeting of bodies and hearts which happens each year.

> *'Let the world change you and you can change the world.'*
> *– Che Guevara (if memory serves)*

THE EMCEE

I have been involved with this event since its very beginning. It is a refugee camp which, for the duration of one week, brings a bit of warmth and joy into the lives of those who have nothing. I host the bingo and each year the tent is packed. People scream, people jump for joy! A whole group of artists and creative people work like madmen to turn a park that is a favourite hangout for junkies into paradise for a few days. You would really need to have a heart of stone to not understand the immense good this camp does to those who come here to eat, to sleep in a warm bed, or to have fun. The role of artists is not the role of government. Artists are here to create, in order to wake people up to the immense suffering of the homeless.

AN ARTIST

Beyond the magic I bring to the site through creativity, increasingly, as I spend more and more time among and with these people, I come to feel, in an intense way, how hard life on the street is, and I come to a crystal-clear realization of the urgent need to take action, to all come together. To begin again. To disturb.

As one experiences ATSA's multiform interventions, a cry springs ceaselessly from the heart: *the human being above all!* All rebellions, all denunciations, all fights, all demonstrations, as violent or dazzling as they may be with their sociopolitical slogans, like the disturbing or large-scale installations that ATSA is particularly fond of: do they not find their full meaning by reconnecting with that wellspring of empathy at their very root—the gift of humanity for a greater social and cultural justice?

HOPE FOR A NEW SOCIETY

ATSA's engaged art therefore is anchored in the complexity of reality. Their slogan, "When Art takes action," best sums up their engagement, for their creativity is meant to trigger common action that views the spectator "as a citizen and political creature through his renewed contact with the street, the urban space and the voicing of his opinion." [15] Although working with the existing political order and day-to-day circumstances, they aim to, as Claire Moulène points out, "bring out the rough spots and tensions that grip society today."

> "Whether they act directly on their society through interventions that are more or less spectacular, or whether they prefer to discreetly build up the foundations of virtual communities that strike the imagination of the social link, contemporary artists show, each in their own way, that art, far from being cut off from reality, provides it, to the contrary, with a constructive release, and sometimes a most singular eye-opening awareness. [16]"

As "actual" artists—in the sense of makers of art through *acts*—in Quebec, ATSA embraces and continues in that long-standing tradition of "dreamers," bearers of hope for us all, as sociologist Jean-Jacques Simard points out insightfully with respect to the intellectual's and the artist's role in society:

> "Any human society, in whatever place or era, recognizes a type of knowledge that justifies its power while being open to hope. Archetypal roles result, from that of the 'shaman' of semi-nomadic peoples and the village 'idiot' to today's 'expert', by way of the Jewish 'prophet,' the Homeric 'poet,' the Roman 'oracle,' the Indian 'guru,' the Confucian or Kantian 'philosopher,' and, alas, for he is irremediably dated and a fixture of urbanized mass democracies, the 'public intellectual'....[17]"

In other words, to set an example.

1. Michaël La Chance, *Œuvres-Bombes et Bioterreur. L'art au temps des bombes* (Québec City: Inter Éditeur, 2007), 193. Our translation and the following, unless stated otherwise.
2. Refer to Jurgen Habermas, *Théorie de l'agir communicationnel* (Paris: Fayard, 1987).
3. Guy Sioui Durand, *L'art comme alternative. Réseaux et pratiques d'art parallèle au Québec. 1976-1996* (Québec City: Inter Éditeur, 1997).
4. Albert Camus is without a doubt the engaged intellectual that has given the most thought to the rebellion at the root of ethics and political action. Refer to Lionel Dubois (ed.), *Albert Camus: La Révolte* (Poitiers: Éditions du Pont Neuf, 2001).
5. Excerpted from the site www.atsa.qc.ca. The quotations in the descriptions of the works are from the site.
6. In a debate with the editorialist of the daily *Le Devoir*, Jean-François Nadeau, on the show *Macadam Tribus*, on Radio-Canada in November 2007, Annie Roy of ATSA mentioned in this regard: "Each year, the homeless say to us, 'this is the only time of the year when I feel useful.' In fact, many of them, before I even put up the event posters at the shelters, have already printed the dates on the bulletin board and volunteer to help the ATSA team set up. Throughout the entire event, we form a mixed team, with members of the public rubbing elbows with street people, and when we say 'see you next year,' it's important. Nowadays at the camp, we get asked 'which artists will be there this year?' We've moved on to something else: curiosity."
7. Refer to Naomi Klein, *No Logo: Taking Aim at the Brand Bullies* (Vintage, 2000), as well as Joseph Heath and Andrew Potter, *The Rebel Sell: How the Counter Culture Became Consumer Culture* (Capstone, 2005).
8. Excerpted from the site www.atsa.qc.ca.
9. Michaël La Chance, *op. cit.*, 38.
10. Nicos Hadjinicolaou, *Histoire de l'art et lutte des classes*, Maspéro, Paris, 1978.
11. Dominique Baqué, *Pour un nouvel art politique. De l'art contemporain au documentaire* (Paris: Flammarion, 2004),138-39.
12. Louis Jacob, "Art by Way of Society: Participatory Art Practices," in *Culture for All : 10 Years of Journées de la Culture*, trans. Donald McGrath, (Trois-Rivières: Éditions d'Art le Sabord, 2007), 31, 33-4.
13. Claire Moulène, *Art contemporain et lien social*, coll. Imaginaire : mode d'emploi, (Paris: Éditions Cercle d'art, 2007), 19.
14. Paul Ardenne, "L'art en contexte réel : constats et perspectives," in Éric Van Essche (ed.), *Les formes contemporaines de l'art engagé. De l'art contextuel aux nouvelles pratiques documentaires* (Brussels: La lettre volée, 2007), 93.
15. Excerpted from the site www.atsa.qc.ca.
16. Claire Moulène, *op. cit.*, 125.
17. Jean-Jacques Simard, *L'éclosion. De l'ethnie-cité canadienne-française à la société québécoise* (Québec City: Septentrion, 2005), 305-6.

ÉTAT D'URGENCE 1997–2008 CHRONOLOGIE

ÉTAT D'URGENCE 1997-2008 TIMELINE

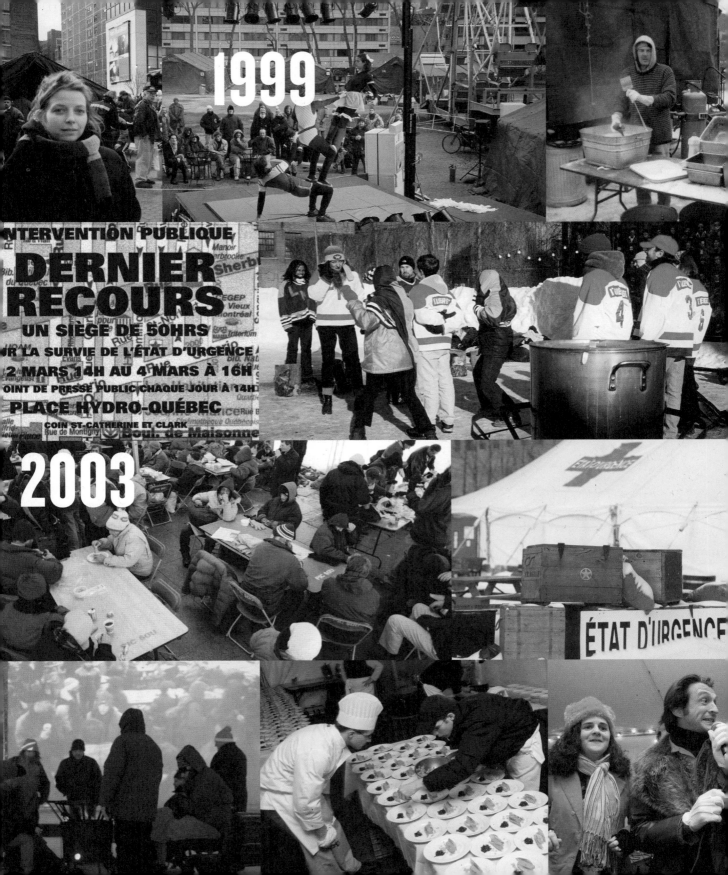

1999

INTERVENTION PUBLIQUE

DERNIER RECOURS

UN SIÈGE DE 50HRS

R LA SURVIE DE L'ÉTAT D'URGENCE

2 MARS 14H AU 4 MARS À 16H

OINT DE PRESSE PUBLIC CHAQUE JOUR À 14H

PLACE HYDRO-QUÉBEC

COIN ST-CATHERINE ET CLARK

Boul. de Maisonne

2003

ÉTAT D'URGENCE

2005

2006

I DREAMT I WOULD BECOME A PRISONER IF I STAYED SO LONG.

LE MANI-
FESTIVAL
ÉTAT
OUVERT A TOUS
D'URGENCE
06

TOUTE L'INFO
www.atsa.qc.ca

DÉCRÉTÉ PAR L'ATSA

du 22 au 26 novembre
24h/24
PLACE
ÉMILIE-
GAMELIN
MÉTRO BERRI-
UQAM

PERFORMANCES
DJ'S
CIRQUE
FILMS CONTES
VIDÉOS

PHOTOS
MUSIQUE

ATSA

2007

2008
À SUIVRE...

1997

LA BANQUE À BAS
17 DÉCEMBRE 1997 – 12 FÉVRIER 1998
DECEMBER 17, 1997 – FEBRUARY 12, 1998
PARVIS DE LA PLACE DES ARTS, MONTRÉAL
ON THE ESPLANADE OF PLACE DES ARTS, MONTREAL

Dépôt illégal d'une structure faite de poêles de cuisine soudés ensemble et dont les portes servent de guichet automatique distribuant des bas chauds aux itinérants. Illegal placing of a structure made of stoves welded together, whose doors serve as an ersatz ATM distributing warm socks to the homeless.

1998

ÉTAT D'URGENCE
13 – 17 DÉCEMBRE DECEMBER 13 – 17
PARVIS DE LA PLACE DES ARTS, MONTRÉAL
ON THE ESPLANADE OF PLACE DES ARTS, MONTREAL

1998 marque le cinquantième anniversaire de la Déclaration universelle des droits de l'homme. L'ATSA installe un camp de réfugiés symbolique mais effectif en plein dans l'affluence du centre-ville. Ayant besoin d'infrastructure, les artistes demandent aux Forces armées canadiennes de remplir le mandat. Voyant là une belle occasion de relations publiques, l'armée accepte sans investiguer davantage et découvre avec stupeur le nom de l'organisme dans les médias. Cependant, les Forces n'ont qu'une parole et doivent compléter leur mission. Le camp se remplit de sans-abri. De symbolique, il devient bien concret. Les organisateurs et le Régiment de Maisonneuve décident de persévérer. L'ATSA installe une tour Ville-Marie faite de poêles de cuisine en plein centre du campement, en continuité avec l'idée de *La Banque à Bas* réalisée en 1997 et aussi pour critiquer l'argent investi à faire la guerre plutôt qu'à contrer la pauvreté. 1998 marks the 50th anniversary of the Universal Declaration of Human Rights. ATSA sets up

a symbolic, yet functional, refugee camp smack dab in the affluent city core. In order to obtain the necessary infrastructure, the artists turn to the Canadian Armed Forces. Seeing a great PR opportunity, the army accepts the mandate without asking too many questions, only to later learn through the media and much to their consternation the name of the organization they are dealing with. However, the Forces are true to their word and complete the mission. The camp fills up with homeless people. The event thus graduates from a symbolic concept to a concrete manifestation. The organizers and the Maisonneuve Regiment decide to carry on. In the heart of the camp, ATSA erects a likeness of the Place Ville-Marie tower, this one made of stoves, a nod to 1997's *La Banque à Bas* imagery and also a critique of massive investment in war—but not in the war on poverty.

1999

ÉTAT D'URGENCE
16 – 26 DÉCEMBRE DECEMBER 16 – 26
À L'ANGLE DU BOULEVARD RENÉ-LÉVESQUE ET DE LA RUE DE BLEURY À MONTRÉAL
AT THE CORNER OF RENÉ-LÉVESQUE BLVD. AND BLEURY ST., MONTREAL

Malgré l'aval de la police et des pompiers, l'administration Bourque dit non à l'*État d'Urgence* sur la place Émilie-Gamelin. Les affiches sont déjà dans la ville, les sacs de sable de l'armée sur le terrain. Réfugiés de notre propre campement, nous devons trouver une terre d'accueil. Le terrain privé de SNC-Lavalin nous sert d'hôte. Le malaise est palpable entre les autorités. Déçus de ne pas être dans un endroit plus passant, nous passons tout de même Noël au camp. Merci, adjudant Roy de ne pas nous avoir lâchés. Une grande roue et un tipi viennent poser la question du nomadisme et des réserves indiennes... d'autres réfugiés. Despite the authorization of the police and fire departments, the Bourque administration says no to *État d'Urgence* on Place Émilie-Gamelin. And yet, the

posters are already up and the army's sandbags already down. Refugees from our own camp, we are thus in search of a host territory. SNC-Lavalin's corporate space welcomes us. The malaise between the authorities is palpable. Disappointed at not being located along a busier thoroughfare, we nonetheless spend the Christmas season at the camp. Thank you, Adjutant Roy, for not abandoning us. A Ferris wheel and a tepee address the subject of nomadism and Indian reserves—more refugees.

2000

Plus rien... Le refus des autorités municipales en 1999 a refroidi l'ardeur des Forces canadiennes. Malgré une offensive de lettres au ministère de la Défense nationale à Ottawa, la réponse est NON. And then there was nothing. The refusal of the municipal authorities in 1999 has dampened the enthusiasm of the Canadian Forces. Despite a flurry of letters to the Department of National Defence in Ottawa, the answer remains a resounding "NO."

2001

DERNIER RECOURS
2 AU 4 MARS MARCH 2 – 4
PARC HYDRO-QUÉBEC, MONTRÉAL
HYDRO-QUÉBEC PARK, MONTREAL

Nous, Annie et Pierre, faisons un *État d'Urgence* au nom de l'ancien refuge Dernier Recours Montréal, à l'angle des rues Clark et Sainte-Catherine. Nous passons soixante-douze heures à –25°C sous une « pop tent » et distribuons de la soupe fournie par la Old Brewerie. La LNI joue un match en plein air ! L'âme du camp est là, mais pas l'ampleur. L'ATSA dépose à nouveau son projet à la Ville pour l'année 2002. We, Annie and Pierre, stage an *État d'Urgence*-style event in the name of the former Dernier Recours shelter, corner Clark and Sainte-Catherine. We spend 72 hours in -25°C weather beneath a pop tent, distributing soup

provided courtesy of the Old Brewery Mission. The LNI (national improvisation league) plays a rare outdoor match! The soul of *État d'Urgence* is there, but not the scale. ATSA submits its proposal for the 2002 edition of *État* to the Ville de Montréal.

2002

ÉTAT D'URGENCE
1er – 4 FÉVRIER FEBRUARY 1 – 4
PLACE ÉMILIE-GAMELIN, MONTRÉAL
PLACE ÉMILIE-GAMELIN, MONTREAL

Contre toute attente, la division des Événements publics de la Ville de Montréal nous contacte à la mi-janvier et nous donne trois semaines pour monter l'*État d'Urgence*. L'administration Tremblay vient d'être élue et un squat de sans-abri a été détruit sous l'autoroute Décarie. L'ATSA choisit ce moment pour déposer son projet au comité exécutif. Par crainte de mauvaise presse, la réponse est OUI. Pour sa part, le Régiment de Maisonneuve, dont l'équipe a changé, accepte la mission sans vérifier son historique. Deux semaines plus tard, les Forces canadiennes ne peuvent plus reculer. Le camp est monté, tout se passe bien. Le maire vient souvent y prendre le pouls et nous avons bon espoir de continuer. Renvoyant à sa *Banque à Bas*, l'ATSA installe, en plein centre du campement, deux tours jumelles-réfrigérateurs et un avion en suspension prêts à les percuter, en référence au 11-Septembre. Against all expectations, the Ville de Montréal's public events division contacts us in mid-January and gives us three weeks to set up *État d'Urgence*. The Tremblay administration has just swept into power and an abandoned building along Décarie Expressway squatted by the homeless has been demolished. ATSA seizes the opportunity to submit its project to the executive committee. For fear of garnering bad press, the administration approves it. Meanwhile, the Maisonneuve Regiment, whose team has changed since its last involvement, accepts

the mission without looking at the event's track record. Two weeks later, the Canadian Forces cannot back out. The camp is set up and all is going according to plan. The Mayor drops by often to check on progress and we are confident that we can carry on. Recalling the symbolism of *La Banque à Bas*, ATSA installs in the very centre of the camp two twin tower/refrigerators and a suspended airplane seemingly ready to strike them, a reference to the recent events of 9/11.

2003
ÉTAT D'URGENCE
5 – 8 DÉCEMBRE DECEMBER 5 – 8
PLACE ÉMILIE-GAMELIN, MONTRÉAL
PLACE ÉMILIE-GAMELIN, MONTREAL

Le message d'Ottawa est radical et les Forces canadiennes invoquent notre nom de « terroriste » pour ne plus travailler avec nous. Par contre, la Ville est maintenant convaincue du bien-fondé du camp et restera un partenaire incontournable! Nous n'avons toutefois plus d'infrastructures et il nous faut tout faire nous-mêmes : amasser des fonds pour des chapiteaux, gérer une cuisine, trouver des restaurateurs. Pourquoi pas Le Toqué! et le Pied de Cochon? Nos grands chefs acceptent illico et donnent le ton à la nouvelle édition du Manifestival. Avec très peu de moyens et grâce au soutien constant de tous les commanditaires et artistes, l'ATSA réussit à monter un événement d'envergure. Le cœur y est et le combat continue.

Ottawa adopts a radical tone and the Canadian Forces invoke our "terrorist" monicker as a pretext for ending their collaboration with us. On the other hand, the Ville is now sold on the camp's merits and will remain a permanent partner! However, we no longer have any infrastructure and must do everything ourselves: raise funds for the big tents, run the kitchen, find restaurateurs. We approach Le Toqué! and the Pied de Cochon, and the renowned chefs of these two gastronomic institutions enthusiastically accept, setting the stage for

the new edition of the "manifestival." With very little funding and thanks to the loyal support of sponsors and artists, ATSA succeeds in putting on a big event. The passion is there and the battle continues.

2004
ÉTAT D'URGENCE
1er – 5 DÉCEMBRE DECEMBER 1 – 5
PLACE ÉMILIE-GAMELIN, MONTRÉAL
PLACE ÉMILIE-GAMELIN, MONTREAL

On monte le camp nous-mêmes. La programmation s'étoffe. La firme de graphisme orangetango commandite l'image de l'événement qui prend sa couleur actuelle. Les chefs et tous les collaborateurs nous restent fidèles. Les sans-abri prennent de plus en plus de tâches. Le journal *Voir* invoque notre besoin en bénévoles et 60 personnes surgissent! Malgré nos peu de moyens, nous nous sentons soutenus par le cœur. We set up the camp ourselves. The content becomes meatier. Graphics firm Orangetango sponsors the event's visual identity, which takes on its current look. Chefs and other collaborators remain on board. The homeless take on a larger set of responsibilities. *Voir* weekly mentions our need for volunteers, and presto, 60 of them sign on! In spite of our limited means, we feel intense emotional support.

2005
ÉTAT D'URGENCE
23 – 27 NOVEMBRE NOVEMBER 23 – 27
PLACE ÉMILIE-GAMELIN, MONTRÉAL
PLACE ÉMILIE-GAMELIN, MONTREAL

Le Manifestival État d'Urgence est présent sur la scène culturelle montréalaise. Le projet est plus ambitieux que le financement alloué mais l'appui du public, des médias, de nos commanditaires et collaborateurs est là. Cette année-là, il fait beau, on a plein de monde, on sent que ça ira de mieux en mieux! The *État d'Urgence* "manifestival" is now a fixture of Montreal's cultural scene.

Its ambitions exceed the funding available to achieve them, but the support of the public, media, sponsors and collaborators is definitely there. This year, the weather is on our side, the turnout is fantastic and things are looking on the up and up!

2006
ÉTAT D'URGENCE
22 – 26 NOVEMBRE NOVEMBER 22 – 26
PLACE ÉMILIE-GAMELIN, MONTRÉAL
PLACE ÉMILIE-GAMELIN, MONTREAL

Une programmation fouillée et une revue de presse incroyable jusqu'à *Tout le monde en parle*! Nous avons 205 bénévoles, des artistes géniaux, une assistance record, un peu plus de moyens qu'en 2005. On entame l'idée d'un compagnonnage citoyen tout au long de l'année. The content is elaborate and wide-ranging while our press review is impressive and includes landing quality face time on prime time's *Tout le monde en parle*! Our volunteers number 205, the artists are brilliant, attendance is at an all-time high, and our coffers are swelled slightly more than in 2005. The concept of a year-round citizen buddy system is initiated.

2007
ÉTAT D'URGENCE
21 – 25 NOVEMBRE NOVEMBER 21 – 25
PLACE ÉMILIE-GAMELIN, MONTRÉAL
PLACE ÉMILIE-GAMELIN, MONTREAL

Une programmation hallucinante! 350 bénévoles, une belle couverture médiatique, mais le financement n'est pas là malgré toutes les demandes. Nous nous lançons dans une soirée bénéfice, nous allons à *L'union fait la force*. Très épuisés par la précarité financière, nous nous demandons si nous pourrons continuer ce combat. Nous réussissons à monter le camp, mais il est clair qu'il nous faudra plus de moyens pour continuer à nous développer. The quality and scope of our content is staggering! We have a mini-battalion

of 350 volunteers and good media coverage, yet the funding leaves much to be desired in spite of all our applications. To supplement, we organize a fundraiser; we also take part in the popular quiz show *L'union fait la force*, where contestants raise money for their respective cause. Exhausted by the constant financial grind, we begin to consider whether we are able to keep up the good fight. We manage to set up the camp, but it is evident that greater funding is necessary to sustain our development.

2008
ÉTAT D'URGENCE
26 – 30 NOVEMBRE NOVEMBER 26 – 30
PLACE ÉMILIE-GAMELIN, MONTRÉAL
PLACE ÉMILIE-GAMELIN, MONTREAL

État d'Urgence reçoit le Prix citoyen de la culture décerné par l'organisme Les Arts et la Ville. Cette année, ça passe ou ça casse. Bien que nous soyons toujours en attente de fonds au moment d'écrire ces lignes, notre appel semble avoir été entendu. L'ATSA espère pouvoir développer l'*État d'Urgence* et le rendre autonome afin de poursuivre son développement et de produire d'autres événements. Pendant ce temps, les villes de Calgary, de Vancouver et de Toronto nous proposent d'adapter le projet chez eux... *État d'Urgence* is the recipient of the Prix citoyen de la culture (cultural citizen award) handed out by not-for-profit network Les Arts et la Ville. This year is make-or-break. As we go to press, we still await funding, though our cry for financial help seems to have fallen on receptive ears. ATSA hopes to develop *État d'Urgence* into an autonomous production so as to be able to pursue its own development and stage other events. Meanwhile, the city administrations of Calgary, Vancouver and Toronto have approached us to consider adapting the project on their soil.

ÉTAT D'URGENCE — C'EST QUOI MAINTENANT ? WHAT HAS IT EVOLVED INTO?

Pendant cinq jours, **État d'Urgence** est un Manifestival qui propose en continu une programmation artistique

État d'Urgence is a five-day "manifestival" featuring continuous innovative, multidisciplinary artistic offerings

multidisciplinaire, novatrice et gratuite dans un contexte concret de solidarité engageant en permanence nos

provided free of charge to all. It is first and foremost an on-going platform for our urban refugees, the homeless.

réfugiés urbains : les sans-abri. **État d'Urgence** génère un climat festif de rencontre en plus d'offrir 55 000 $

In addition to fostering a festive atmosphere conducive to encounters of all sorts, **État d'Urgence** provides

en vêtements chauds, 3 500 repas complets, des collations en permanence, un dortoir et plusieurs services

$55,000 in warm clothing, 3,500 full meals, round-the-clock snacks, sleep accommodations and numerous front-

appropriés aux personnes vivant dans une grande précarité. Des centaines de bénévoles permettent à cette

line services for those living in great need. Several hundred volunteers help make the experience an unforgettable

expérience de prendre vie et racine chaque année, et tous sont invités à découvrir les propositions originales

one, year after year. The roster of local, national and international talent encompasses a broad spectrum of arts—

— regroupant les arts du cirque, le théâtre, la danse, la musique, les arts visuels, la vidéo et le spoken word —

from circus, theatre and dance to music, the visual arts, video, spoken word, and more—and stimulates aesthetic

offertes par des artistes de la scène locale, nationale et internationale qui ont une réflexion esthétique sur ces

reflection on the crucial issues of the day while favouring social cohesion. Full details on the artistic programming

questions cruciales et qui favorisent la cohésion sociale. La programmation détaillée est mise en ligne sur le

are available at ATSA's website, www.atsa.qc.ca

site Internet de l'ATSA : www.atsa.qc.ca

État d'Urgence est un éco-événement. *État d'Urgence* is an ecologically responsible event.

SUR L'ART ET L'ERRANCE, PLACE ÉMILIE-GAMELIN, ÉTAT D'URGENCE

J'AI ÉTÉ INVITÉ À PARLER DES ARTISTES ET DE LEUR TRAVAIL, DANS UN LIEU BIEN PARTICULIER OÙ L'ON NE S'ATTEND PAS SPONTA- NÉMENT À TROUVER DE L'ART ET À ENTENDRE PARLER

« Tous les êtres humains naissent libres et égaux en dignité et en droits. Ils sont doués de raison et de conscience et doivent agir les uns envers les autres dans un esprit de fraternité »*

LOUIS JACOB Professeur au Département de sociologie de l'Université du Québec à Montréal, Louis Jacob publie des articles dans le domaine de la sociologie de la culture, de la théorie sociale et de l'épistémologie. Ses activités de recherche portent sur l'art contemporain et les transformations de l'espace public, sur la revitalisation urbaine, ainsi que sur les fondements phénoménologiques et herméneutiques des sciences humaines. Professor at the department of sociology of Université du Québec à Montréal, Louis Jacob publishes articles in the fields of sociology of culture, social theory and epistemology. His research is directed at contemporary art and the transformations of public space, urban revitalization, as well as the phenomenological and hermeneutic foundations of humanities.

* Tiré de la Déclaration universelle des droits de l'homme, article 1.

D'ART.

Un des grands défis que se donnent Annie Roy et Pierre Allard est de faire cohabiter des mondes qui ordinairement s'ignorent, celui des sans-abri et des itinérants, et celui de l'art. Des mondes qui s'ignorent, c'est un peu la marque de notre époque, malgré notre soif de reconnaissance et la multiplication des moyens techniques de communication. La place Émilie-Gamelin qui accueille *État d'urgence* depuis 2002 est justement un de ces lieux urbains étranges où des milliers de personnes vont et viennent, et où se croisent des mondes qui s'ignorent.

L'art et l'errance sont deux réalités toujours très proches, pas au sens où l'artiste serait une sorte de vagabond, et le vagabond un artiste, l'un et l'autre ayant des leçons à donner, et détenant un secret qui viendrait nous libérer. Pas du tout. En fait, je ne dirai rien de très particulier sur l'itinérance et la condition de sans-abri, et pas davantage sur la condition d'artiste. Je me suis plutôt demandé si, dans un monde où tout serait perdu, il y aurait encore une place pour l'art. Et je crois qu'il y aurait une place pour l'art, un art que j'imagine léger et souple, un art qu'on porte avec soi.

État d'urgence, événement artistique humanitaire

Le collectif ATSA existe depuis 1997. Il s'est fait connaître par une série d'interventions urbaines, un art engagé socialement, révélateur des situations parfois très difficiles ou qu'on a peine à admettre au cœur d'une société riche comme la nôtre. Avec les moyens de l'art et de l'action culturelle, le collectif s'attaque à la pauvreté, à l'isolement, à l'exclusion, au gaspillage, à la pollution, et défend une position critique, responsable. Ces interventions conjuguent la performance, l'installation, la vidéo. Elles se déploient, il va sans dire, selon des stratégies formelles très variées et utilisent des matériaux hétéroclites. Elles tentent de rejoindre les citoyens là ils sont, dans leur environnement urbain. Elles sont abondamment commentées dans les grands médias et, dans une moindre mesure, dans quelques magazines spécialisés en art.

La première édition de l'événement *État d'Urgence* a lieu en décembre 1998 dans le centre de la ville, sur le parvis de la Place des Arts, en collaboration avec le Musée d'art contemporain de Montréal et Les Forces armées canadienne. On y construit un camp temporaire pour accueillir les sans-abri. Une installation sculpturale, baptisée *La Banque à Bas* et réalisée avec d'anciennes cuisinières évoquant la tour Ville-Marie, fait office de dépôt de vêtements. Pour sa sixième édition, du 23 au 27 novembre 2005, dans le même esprit, mais avec d'autres partenaires et de nouveaux réseaux culturels et artistiques, *État d'Urgence* offre des vêtements, de la nourriture, un dortoir, sous les deux chapiteaux érigés à cette occasion sur la place Émilie-Gamelin, un peu plus à l'est, dans le Quartier Latin. Un des traits caractéristiques d'*État d'Urgence* en 2005 est qu'il offre en outre une véritable programmation artistique. Il s'agit d'un événement festif réunissant artistes et collaborateurs à chacune des étapes de réalisation. À l'aide d'une logistique imparable, de beaucoup d'invention et de bonne volonté, l'ATSA réussit à créer un lieu de rencontre pour les gens de la rue, ouvert à tous, inclusif.

ON ART AND WANDERING: ÉTAT D'URGENCE AT PLACE ÉMILIE-GAMELIN I have been asked to say a few words on artists and on their work in a rather singular place one does not usually associate with art or with artistic discourse. Annie Roy and Pierre Allard have challenged themselves to bring together two worlds that normally turn a cold shoulder to one another, that of the homeless and that of art. Two worlds that ignore each other: it certainly rings familiar in these times, despite our hunger for recognition and the multiplicity of communication tools available to us. Place Émilie-Gamelin, host to *État d'Urgence* (State of Emergency) since 2002, is precisely one such odd, singular crossroads which sees thousands of Montrealers come and go, so many little worlds passing one another by and ignoring one another.

Art and itinerance have always been intimately linked. Not in the sense that the artist is a vagabond, and vice versa, with either holding the secret to a special wisdom that would set us free. No, not in the least. Indeed, I shan't say anything too specific about the condition of either the homeless or the artist. What interests me, rather, is whether, in a world where all seems lost, there remains a place for art. I believe so. A place for an art that I see as being light and malleable; a portable art, if you will.

État d'Urgence, or the meeting of art and humanitarianism

The ATSA artistic collective was founded in 1997. It gained recognition thanks to a series of urban interventions showcasing a socially committed artistic stance which turned a spotlight on the inconvenient truths, to borrow a phrase from Al Gore, of our wealthy society. Using the idiom of art and the tools of cultural discourse, the collective takes on the hot-button issues of poverty, isolation, exclusion, waste and pollution, espousing a critical and socially responsible point of view. ATSA's interventions juxtapose performance art, installation and video, and draw on a wide assortment of materials. Each installation is unique and has its own purpose and approach. Taken as a corpus, their shared mission is to speak to the citizen in his or her natural urban habitat. Over the years, they have garnered widespread coverage in the mainstream media and, to a lesser extent, in specialized art periodicals.

The first edition of *État d'Urgence* was a collaborative work between the Musée d'art contemporain de Montréal and the Canadian Armed Forces, and took place in December 1998 on the esplanade of the Place des Arts, in the city's downtown core. There, a temporary camp was built to welcome the homeless. A sculptural installation, titled *La Banque à Bas* (The Sock Bank, but also, through inversion, "down with banks") and featuring used stoves made to evoke the Ville-Marie tower, serves as a place for dropping off clothing donations. By its sixth edition, which ran November 23–27, 2005, in keeping with the spirit of the first edition but with new partners and a widening array of cultural and social networks, *État d'Urgence* was able to offer clothing, food and sleeping quarters, all under two big tops set up for the occasion at Place Émilie-Gamelin, a bit farther east, in the Quartier Latin neighbourhood. A distinguishing characteristic of 2005's *État d'Urgence* was that, for the first time, the event also offered *bona fide* artistic programming. Indeed, *État d'Urgence* had evolved into a celebratory happening uniting artists and collaborators in all aspects of its execution. Through a mastery of logistics, much

L'événement est donc bien sûr nourri par un sentiment d'urgence, à l'égard du respect des droits humains et de la justice, sur le plan local comme sur le plan mondial. L'événement nous rappelle qu'on n'a pas à attendre plus longtemps pour agir, qu'il existe des gestes concrets, modestes, dignes, qui ont leur signification en eux-mêmes. Ici, l'art est mis au service d'un monde que l'on peut encore partager. L'événement m'intéresse également parce que, dans le tumulte des transformations du quartier et de tout le centre de la ville, il donne une forme très concrète au conflit d'interprétation autour de la définition de l'espace public. Assistera-t-on à l'édification d'un espace public homogène et neutre, ou au contraire à un espace commun redéfini par la pluralité, par la confrontation des paroles?

Ce genre d'action culturelle comporte manifestement des dimensions à la fois artistiques et humanitaires. Dans sa dimension artistique, l'événement a pour vocation de rapprocher de multiples savoir-faire; conte, DJ, vidéo, théâtre d'intervention, expo photo et projection de film, musique, danse, performance et installation, humour, cirque, cuisine, etc., qui cohabitent, parfois dans le désordre, avec les habitués du lieu. Tout au long de la journée et en soirée, *État d'Urgence* offre ainsi aux gens de la rue, au grand public et à tous les publics, des performances ou des événements d'art décloisonnés. L'esprit qui règne est celui de la foire, avec des moments forts et des accalmies, des situations de grande intensité et d'autres tout à fait ordinaires. J'insisterai plus loin sur le fait que l'événement tout entier, et pas simplement chacune des parties, chacune des scènes ou des plages horaires de l'événement, est conçu et réalisé comme une intervention artistique. On verra que cela soulève des questions quant au type et au degré de participation des divers publics.

Tout cela est clair, mais qu'est-ce qui est demandé aux artistes? *État d'Urgence* demande aux artistes un engagement particulier, de la générosité et beaucoup de vigilance. Car comment préserver sa liberté de création et d'action à l'heure de l'humanisme officiel et des programmes de revitalisation? On pourrait le répéter en d'autres mots : comment être sûr, dans ces circonstances – urbaines, festives ou désolées –, de ne pas mentir, ni à soi-même ni à autrui? Je voudrais d'abord montrer que ces questions sont liées à la longue histoire de l'art moderne et contemporain.

Une tradition d'art engagé socialement
Les traditions d'art engagé socialement que connaît le XXᵉ siècle, que ce soit dans le domaine des arts visuels, du théâtre, de la littérature, de la chanson ou de la photographie, constituent une véritable plongée dans la complexité. Ce mouvement de sortie et d'immersion est provoqué, entre autres, par une particularité du travail de l'artiste moderne qui cherche à mesurer la fonction de l'imaginaire et de la créativité dans la réalité de tous les jours. L'artiste moderne constate le recul des repères traditionnels, ceux-là mêmes qui justifiaient son statut et son rôle social, et doit plonger dans ce que la réalité offre désormais de plus évanescent, de plus fragile; l'idée même que l'art incarne ou représente quoi que ce soit est devenue suspecte. Pourtant, l'artiste plonge.

Un de ces gestes significatifs de l'artiste après l'ébranlement moderne est de découvrir ou de redécouvrir la rue. Comme l'a dit le philosophe Humberto Giannini, la rue est un moyen de circulation et de communication « routinier », mais la rue est aussi une ouverture sur l'imprévisible, « ce trajet concret et tendu où se rencontre une Humanité qui me transcende de toutes parts. Cette rencontre éventuelle avec une humanité inconnue, mais non abstraite, avec une humanité qui m'entoure et m'enveloppe, appartient d'abord et essentiellement à l'espace ouvert de la rue. » Pour Giannini, la rue est l'imprévisible : « Se détacher, se laisser aller à l'enchantement des choses, se surprendre à marcher sans but, sans lieu à atteindre, sans horaire, ouvert au hasard des rencontres que la rue met à notre disposition[1]. »

La rue de l'artiste n'est certainement pas la rue des gens de la rue, des sans-abri, des itinérants. Quoi qu'il en soit, les artistes descendent dans la rue. Que cherchent-ils? Ils semblent vouloir renouer avec un monde quotidien fondamental, qui évoque à la fois le nomadisme des civilisations disparues et la déambulation du flâneur qui note ses impressions, au fil de ses expériences fortuites. Mais ce n'est pas là le plus important. Il s'agit en fait d'une réappropriation artistique de la ville, par laquelle les artistes déclenchent de nouvelles formes de participation.

Faisons quelques pas en arrière dans l'histoire récente de l'art. Le développement du système de l'art depuis la fin du XIXᵉ siècle connaît une tendance forte à l'« intervention ». Celle-ci est associée à certains mouvements d'avant-garde et consiste non seulement à contester les règles et à sortir l'art des lieux consacrés, mais aussi à lui faire réintégrer l'espace social. C'est aussi l'occasion pas toujours heureuse de voir l'art prendre les habits de la propagande et de l'idéologie. Avec l'Internationale Situationniste, puis avec Fluxus, la pratique de l'intervention s'articule ouvertement à une « critique du spectaculaire ». Le spectaculaire est alors vu comme un ensemble de dispositifs, de discours et d'images qui a une fonction essentiellement idéologique, servant à masquer les enjeux réels de la vie sociale. La critique de la réification et de l'aliénation, la nécessité d'une prise en charge et d'une appropriation collective de l'espace social, parcourent également d'autres champs de la connaissance (urbanisme, architecture, écologie, mouvements sociaux) qui vont se conjuguer dans les interventions contemporaines.

Cependant, ainsi que le faisait remarquer encore récemment Paul Ardenne[2], on assiste à une indéniable banalisation de l'intervention. La charge critique et l'impact des pratiques interventionnistes se diluent, au profit d'une « offre de spectacle » et d'une « demande spectaculaire de surprise », générées dans le cadre d'un système de l'art qui a progressivement homologué et ingéré la plupart des mouvements d'avant-garde et qui s'aligne sur les politiques culturelles de l'État. Ardenne indique par contre l'existence de formes d'intervention capables de maintenir vivante la volonté d'« interférence », qui parviennent à entraver les processus de dilution ou de dégradation spectaculaire, et qui contribuent à ouvrir, à approfondir, à intensifier l'espace urbain en tant que lieu de l'expérience sociale. Je pense qu'on peut compter le travail d'ATSA, et un événement comme *État d'Urgence*, au nombre de ces expériences antispectaculaires de réappropriation de l'espace urbain.

L'art comme intervention et stratégie
En quel sens peut-on parler d'une réappropriation? Là aussi, il nous faut remonter un peu en arrière pour comprendre le

ingenuity and an amalgam of vision and unshakeable will, ATSA had succeeded in creating a meeting place for street people that was, at the same time, open to all.

The event is naturally driven by a tangible sense of urgency with respect to the upholding of human rights and of justice on both the local and international stage. Its main message is that progress on these issues need not be a remote, abstract possibility best left to others, but that each of us as a citizen has it in him or her to take action that is concrete, dignified, and, however small, meaningful. Art exists here to serve a world that we can still share. The event also interests me because, amidst the tumult of transformation which affects the neighbourhood and downtown Montreal as a whole, it provides a concrete focus for the debate surrounding what public space is and should be. In years to come, will we see the rise of a public space that is homogeneous and soulless, or a public space that reflects the lives and aspirations of all citizens and which they have helped shape?

This particular type of cultural action involves both artistic and humanitarian aspects. With respect to the former, the event aims to create a potent brew of numerous art forms, such as storytelling, DJ-ing, video, community theatre, photography, film, music, dance, performance art and installations, comedy, circus arts, culinary arts, and so on. These all commingle, at times chaotically, with the venue's regulars. Throughout the day and evening, *État d'Urgence* thus offers street people, passers-by and the public at large, performances and artistic events that have no barriers. If there is one mood that permeates all these disparate elements and gives them cohesiveness, it is that of the fairground, with its bursts of frenetic activity and its lulls. As I will discuss below at greater length, the event as a whole—not simply its individual components or stages—is conceived of and presented as an artistic statement. This raises issues regarding the type and degree of participation of its various audience groups.

So far, all this is fairly evident. But what of the artists themselves and what is expected of them? *État d'Urgence* requires of artists a singular commitment and a wellspring of generosity. And vigilance, in order to safeguard their liberty of expression in this age of politically correct humanism and government-sponsored revitalization programs. In other words, under such circumstances—urban, and festive or desolate—how can artists vouch for their integrity, their honesty toward themselves and others? These questions have long been associated with modern and contemporary art.

A tradition of socially engaged art

The 20th century's traditions of socially committed art, be they in the visual arts, theatre, literature, song or photography, are characterized by a remarkable complexity of expression, the result of, among other things, the modern artist's attempt to convey the role of imagination and creativity in everyday life. The modern artist observes the breaking down of the traditional paradigms which had heretofore defined his status and role in society; henceforth, ephemerality is the new model. For today, the very notion that art embodies or represents anything has become suspect. And so, the artist embraces the transient.

Among the meaningful actions posed by the postmodern artist is to discover—or rediscover—the street. According to philosopher Humberto Giannini, while the street is a prosaic means of circulation and communication, it also affords a window onto the unpredictable, "a tense, concrete crossroads of teeming Humanity. This encounter with an unknown, but certainly not abstract, humanity, a humanity which is all-enveloping, is first and foremost the province of the open space that is the street." For Giannini, the street is unpredictability itself: "To let go, to allow oneself to drift and to see the enchantment in all things, to find oneself suddenly wandering aimlessly, without destination or itinerary, but simply open to the chance encounters made possible by the street."[1]

The street as seen by the artist is not, however, the street that is the reality of street people, the homeless and itinerants. Be that as it may, artists still take to the street. In search of what, exactly? Seemingly, to reconnect to the everyday world in a fundamental manner that is both an atavistic throwback to the nomadic ways of bygone civilizations, and similar to the wandering of a vagabond noting his impressions as he passes from one fortuitous encounter to the next. That, however, is not the crux of it. What is, is the artistic reappropriation of the city, through which artists create new forms of citizen participation.

Let us now briefly move backward through the recent history of art. Since the end of the 19th century, the system of art has shown in its development a strong tendency toward so-called intervention, which is related to certain avant-garde movements and consists not only in confronting the orthodoxy of the times and bringing art out of its traditional venues, but also in having it find its way back to the social domain. In so doing, art has sometimes veered toward propaganda and ideology, with often infelicitous results. The Situationist International, then the Fluxus movement, have used intervention as a "critique of the spectacular"; for them, the spectacular was an assemblage of devices, discourse and images which played an essentially ideological role, serving to mask the real issues of social life. The critique of reification and alienation, of the need to collectively take back control of the social domain, also seeped into other fields, such as urban planning, architecture, environmentalism and social movements, which also bore an influence on contemporary interventions.

However, as art critic Paul Ardenne[2] commented recently, there is afoot an undeniable trend toward the banalization of intervention. Both the critical force and the impact of intervention are being diluted, to make way for an "offer of spectacle" and a corresponding "spectacular demand for surprise," made possible by the current system of art that has progressively mainstreamed and absorbed most of the avant-garde movements and is now essentially toeing the line of state cultural policies. On a positive note, Ardenne does signal the existence of certain types of intervention with the power to still keep alive the flame of "interference," to hinder the process of dilution or of spectacular degradation, and to open up and intensify the urban space as a setting for social experience. In my view, the work of ATSA, and an event such as *État d'Urgence*, are among those anti-spectacular experiments aimed at the reappropriation of that space.

mouvement. C'est d'abord que les œuvres d'art se « dématérialisent », pour reprendre le terme utilisé par la critique Lucy Lippard pour caractériser un ensemble hétérogène de pratiques de la fin des années 1960 et du début des années 1970 (l'art conceptuel, les installations, les performances, etc.). Des œuvres, en somme, qui sont des moyens de prendre position dans le champ esthétique, social ou politique, davantage que des fins en soi[3].

Ce n'est pas seulement le statut des œuvres, mais aussi leur relation avec l'espace social qui change. En devenant idée et action, les œuvres ne vont bien sûr pas abandonner toute matérialité; elles vont cependant quitter les formes et les lieux habituels de l'art, ou jouer avec les formes et les lieux de l'art, pour commencer une autre vie[4]. La nouvelle vie de l'art qui se conçoit comme intervention demande la participation, la présence active des gens à qui il s'adresse. Non pas que le spectateur ou l'auditeur traditionnel soit passif : on sait que toute expérience esthétique mobilise la raison et l'émotion, les héritages culturels, le corps et son histoire singulière. C'est que, dans le nouveau contexte, la participation peut devenir une composante stratégique, une dimension essentielle du processus. Si cette participation peut être très ouverte et rassembleuse, comme dans *État d'Urgence*, elle peut aussi être intime ou secrète, comme avec ces milliers de signets insérés dans des livres de bibliothèques par Devora Neumark. L'art plonge dans une complexité dont il participe lui-même et qui ne lui appartient pas totalement, qui le dépasse. Les œuvres et les actions dites « furtives », d'après la belle expression de Patrice Loubier, peuvent circuler, passer de main en main, se confondre avec les usages de la vie quotidienne, tout en maintenant la possibilité de la surprise et de l'étrangeté[5].

Le public est ainsi lui aussi profondément transformé. Il n'est plus le regardeur, le sujet de la représentation, quoique son regard balaie tout l'horizon; il n'est plus le modèle, l'objet de la représentation; il en est l'acteur, le messager et l'historien. On aurait bien tort de voir dans cette série de transformations une sorte de démission, ou d'impuissance, de l'artiste. L'artiste se conçoit lui-même comme un travailleur, un citoyen parmi les autres, ou à l'inverse, un provocateur. Mais s'il accepte de plonger dans la complexité, il lui faut développer de nouveaux talents, une autre intelligence. Pierre Allard et Annie Roy, comme tous ceux qui pratiquent l'intervention artistique, doivent savoir comment contourner ou se concilier les nombreux obstacles d'ordre législatif et réglementaire qui ponctuent la réalisation de leurs projets, sans compter les dimensions plus profondes de la morale civique et les aléas de l'existence dans les rues de la ville.

Une des missions à laquelle s'engage l'ATSA est de susciter la participation, non plus simplement du public de l'art, mais de tout le monde. Il n'est jamais facile de rejoindre ce non-public, l'ensemble de ceux qui ne participent pas d'emblée à la vie culturelle et artistique instituée. La difficulté est encore plus grande lorsqu'il s'agit de toucher les démunis et les exclus.

Pourtant, la culture populaire urbaine témoigne abondamment d'une expressivité polymorphe, qui se nourrit bien entendu des fragments de la culture industrielle, et parfois de culture savante, mais qui surtout se montre capable de s'approprier des savoir-faire, des images et des objets. La culture urbaine réussit même davantage : elle agence ces fragments disparates dans des formes nouvelles, enracinées dans des expériences concrètes et des structures qui lui sont propres. Ainsi en est-il en particulier de ce qu'on appelle les « cultures jeunes », avec la pratique des tags et des graffitis, le scratch, l'échantillonnage/mixage des sons et des images, la publication assistée par ordinateur, la photocopie, le slam ou poésie de la rue, les modes de vie alternatifs ou en marge. Ces cultures émergentes ne sont pas que le fait des « jeunes »; elles témoignent d'une profonde transformation de l'expression culturelle dans la société contemporaine. L'art savant prend la rue et s'en inspire; les rêveries des uns et des autres se sédimentent dans l'ordinaire; les bricolages intempestifs redonnent vie à des monuments anciens.

Un événement artistique et humanitaire comme *État d'Urgence* est donc forcément un processus de coopération et de négociation qui force un dialogue entre le savoir des experts (artistes et fonctionnaires), celui des publics, celui des usagers et des citoyens, que tous ces acteurs soient reconnus à titre de professionnels, des victimes d'exclusion ou des groupes marginalisés. Comme l'écrivait Lise Lamarche, en empruntant le terme à René Lourau, ces œuvres ou événements deviennent des « analyseurs », des révélateurs dont la seule existence ou le seul déploiement dans l'espace public produit une « analyse de la situation[6] ».

L'intervention artistique humanitaire signifie la construction d'un nouveau rapport aux productions esthétiques, la mise en place d'une interrelation fondée sur la simplicité, la spontanéité, l'immédiateté, l'émotion, le refus des catégories formelles de l'art institué[7]. L'esprit festif se traduit notamment dans des proximités spatiales étonnantes pour les non-initiés; sous un même chapiteau, et simultanément : distribution de vêtements, campagne de recyclage, conférence sur le commerce équitable, réalisation d'un site Web, souper communautaire. Ainsi, l'offre de spectacle, s'il y en a une, s'articule immanquablement à d'autres pratiques quotidiennes. Les publics ne sont pas captifs.

Une question guette cependant tous ces événements d'art : mis au service d'un monde que l'on peut partager, l'art réussit-il vraiment à résister à la pente spectaculaire? Les sans-abri qui avalent leur soupe et qui profitent de la chaleur du brasero, les étudiants venus assister à un concert, les familles regroupées devant un numéro de jonglerie, sont peut-être aussi des « figurants », ainsi qu'on l'a entendu dire, à la blague, par un itinérant attablé sous la tente du Croissant Rouge, alors que j'entretenais les convives et que Rafael Sottolichio projetait ses images au-dessus de nos têtes, sur la toile du chapiteau.

Le nomadisme réflexif

Ce qui est remarquable ici, c'est que cet art qui appelle au mouvement et qui plonge dans la complexité, peut chercher à réactualiser les mythes anciens ou à faire revivre des paroles utopiques, ou encore, plus modestement, s'appuyer sur le sentiment d'appartenance à un quartier, à une communauté; mais cette incursion de l'art dans l'espace social reste une sorte d'épreuve, un parcours réflexif. Pour les passants et les curieux, *État d'Urgence* est une expérience qui dérange, qui déstabilise, tandis que les règles usuelles du spectacle et du comportement de spectateur sont bousculées. On peut avoir l'impression d'être convié à une fête familiale, mais, visiblement, on n'est pas de la famille.

Art as intervention and strategy

In what sense may we speak of reappropriation? Let us once more go back in time in order to understand the movement. In the late 1960s and early 1970s, conceptual artists began "demateri-alizing" the art object, to borrow the term coined by critic Lucy Lippard to describe a heterogeneous set of practices (concep-tual art, installations, performance art, and so on). Essentially, works of art became the means with which to take a stand in the aesthetic, social or political realm, rather than being ends in themselves.[3]

Not only has the status of the works changed, but also their relationship with the social space. As vehicles for ideas and action, works still require a physical from, some type of materiality. They will, however, shed their old skins and move beyond the traditional venues for art, or play with them to inject them with renewed vigour.[4] This new art which defines itself as intervention requires, nay demands the active participation of its audience. Not that the traditional spectator is passive; for we know that any aesthetic experience stimulates reason, emotion, the body, as well as one's cultural baggage and particular life experiences. Rather, in this new context, participation becomes a strategic component, an essential aspect of the process. Such participation may be quite open and unifying, such as with *État d'Urgence*, or it may be intimate, even secretive, such as with the thousands of bookmarks inserted into library books by Devora Neumark. Art is steeped in a complexity in which it is also a par-ticipant and which is not completely within its control. So-called "furtive" works and actions, to use Patrice Loubier's colourful adjective, may circulate, be passed from hand to hand, com-mingle with the objects of everyday life, and yet still retain the ability to surprise and inspire wonderment.[5]

Thus, the public is also profoundly transformed. No longer the observer or subject of the work, though its eyes do take in everything around it; no longer, too, the object of the work; it is now the actor, the messenger and the archivist rolled into one. One should not attribute this metamorphosis to the resignation or powerlessness of the artist. Artists see themselves as proletar-ians, citizens among the many, or perhaps, and to the contrary, as provocateurs. But if they agree to be submerged in all this complexity, they must tap into other, heretofore hidden, talents and resources. Pierre Allard and Annie Roy, like all practitioners of artistic intervention, must be able to navigate the turbulent legislative and regulatory waters that stand between them and the realization of their projects, not to mention the murkier eddies of civic mores and the haphazardness of life in the streets of the concrete jungle.

One of ATSA's many missions is to stimulate the partici-pation of not just the art world and its usual audience—the converted, if you will—but of everyone. Reaching this "non-audience," that is, the subset of the general population who rarely if ever participate in the institutionalized manifestations of art and culture, is never an easy task. The challenge is compounded when one factors in the underprivileged and the social outcasts of society as the focus of the work.

And yet, popular urban culture is teeming with mani-fold forms of expression that are fuelled by fragments of our industrial culture, to be sure, and sometimes by the intelli-gentsia, but that, above all, reappropriate know-how, images and objects. Urban culture accomplishes even more than this: it man-ages to recombine these disparate fragments into new forms that are rooted in its own specific experiences and structures. In par-ticular, this is the case with so-called "youth culture," as reflected in tags and graffiti; scratch; sampling, mixing and collage of sounds and images; desktop publishing; slam, or street poetry; and alternative, or fringe, lifestyles. This emerging culture is not just the domain of "youth"; it reflects a profound transformation of cultural expression within contemporary society. High art has taken to the street and is all the better for it; dreams morph into reality through the everyday; and spontaneous combustions of raw talent are breathing new life into the classics.

An artistic and humanitarian event such as *État d'Urgence*, by its very nature, entails a process of collaboration and negotia-tion between experts (artists, government officials), audiences, users and citizens, whether these players are seen as profes-sionals, social outcasts or fringe groups. As Lise Lamarche once wrote, borrowing a term from René Lourau, such events serve as "analyzers," because their very existence in the public space brings about an "analysis of the situation."[6]

This humanitarian take on artistic intervention signals the birth of a new interaction with aesthetic works, one based on simplicity, spontaneity, immediacy, emotion, and a resistance to the formal categories of institutional art.[7] The festive spirit is particularly evident in the human-to-human interaction at close quarters, often bewildering for first-time attendees. For instance, occurring simultaneously under one big top, one will find the distribution of clothing, a recycling drive, a discussion on fair trade, the designing of a Web site and a communal meal. If there is any offer of spectacle to be had here, it is immersed into other, perhaps more prosaic, activity. In other words, there is at no point a captive audience.

Yet one question looms in all these artistic events: when in the service of a world that can be shared, is art truly able to avoid the trap of the spectacular? The homeless eating their meal and warming themselves before a brazier, students attending a musical concert, families taking in a juggling act... perhaps all are "extras," as a street person was once overheard saying, jokingly, while I chatted with guests and Rafael Sottolichio manned the projector during a movie screening.

Introspective nomadism

What is remarkable is that this art, which calls for change and is steeped in complexity, has the ability to revisit and contempor-alize ancient myth, or to conjure up utopias from another time and make them relevant again; or, if its ambition is more modest, to tap into the sentiment of belonging to a neighbourhood or to a community. At any rate, this bold foray of art into the social space remains an introspective venture. For passers-by and the curious, *État d'Urgence* is a disturbing experience, one where the usual rules of engagement with spectacle, and the code of behaviour expected of the spectator, are disrupted. We may feel as though we are guests at a family gathering, and yet, we are clearly not related.

*150 000 à 300 000 sans-abri
au Canada... avec de gros surplus
dans les coffres de l'État.*

Pour l'artiste, c'est une sorte de nomadisme conscient de soi ou une pratique méthodique de l'exil, dans un monde où les traditions et les repères s'effacent. Contre le beau paysage et l'esprit du dilettante, l'intervention artistique en milieu urbain nous propose l'épreuve du réel et l'aventure non héroïque. Victor Segalen, l'un des témoins et des penseurs les plus pertinents de cette transformation de l'expérience artistique au début du XXᵉ siècle, souligne la part de réflexion et de recherche que doit désormais inclure le parcours de celui qui voudrait aller à l'encontre des idées reçues ; il ajoute toutefois que l'artiste, comme le marcheur, doit laisser venir à lui « le pays étalé sous le ciel » : « le bon marcheur va son train sans interroger à chaque pas sa semelle[8] ». Dans ce nomadisme artistique, il y a donc toujours une part d'attention et d'idéation.

Cette expérience complexe par laquelle l'art fait une sortie hors de lui-même et s'immerge dans le monde, s'apparente il me semble au parcours intérieur qu'accomplit tout un chacun, lorsqu'il tente, par exemple, de se défaire de ses habitudes musicales, de « lâcher prise » et d'atteindre une sorte de « vigilance flottante » qui lui permet d'accueillir, d'entendre vraiment une musique qui le déroute d'abord, une musique même qu'il ne reconnaît pas immédiatement comme de la musique. Cette expérience d'accueil est aussi une espèce de révélation, parce que c'est le monde lui-même, et la relation du sujet avec autrui, qui est enrichi d'une nouvelle dimension, d'une nouvelle coloration. À la limite, les rêves sont plus réels que la réalité, les voyages immobiles plus bouleversants que les chemins du réel. S'il y a une espèce d'errance propre à l'expérience artistique, c'est celle-là, celle que déploient les variations imaginatives[9].

Ainsi l'artiste part à la découverte du Réel ou de la Vraie Vie, mais il n'abandonne pas pour autant son travail d'artiste, son intention artistique. Comme l'ont rappelé nombre d'artistes d'avant-garde depuis Segalen, tout au long du XXᵉ siècle et jusqu'à aujourd'hui, l'art qui se conçoit comme intervention ou stratégie implique de pratiquer la distanciation. Il utilise bien sûr des artifices, mais pas les artifices convenus qui nous viennent avec leur mode d'emploi.

L'errance artistique consiste d'abord en des gestes quasi primitifs ou primaires : abolir au moins pour un temps les conventions, oublier ce qu'on nous a appris et inventer de nouvelles méthodes pour marcher dans le pays étalé sous le ciel, se libérer du poids du passé, retrouver s'il le faut des souvenirs enfouis. Ce travail primaire s'accompagne d'un autre travail, plus sophistiqué si l'on veut, par lequel on transpose, on traduit, on bricole, on recycle.

Un art modeste après la fin du monde

Je me demandais si, dans un monde où tout serait perdu, il y aurait encore une place pour l'art. C'est souvent en créant des scénarii utopiques qu'on redécouvre des petites vérités.

Les événements comme *État d'Urgence* montrent qu'il est possible de libérer de l'espace pour une mise en forme du monde quotidien. Mais le nomadisme réflexif n'échappe pas à une situation paradoxale : l'univers infini de la science, des techniques, de la vitesse et du développement économique, est aussi à la fois un espace fermé, quadrillé, contrôlé. De toutes parts fuse une injonction pressante à la souplesse, à la poly-activité, à l'activité

permanente. Au point qu'il est devenu périlleux de s'arrêter. On assiste à une compression extrême du temps et de l'espace, comme si nous avions aboli toutes les distances ; et, comme l'observait Zygmunt Bauman[10], il y a des inégalités dans la « liberté de circulation » : il y a ceux qui passent dans la vie comme des touristes, des joueurs, des somnambules, et ceux qui sont obligés de fuir, qui sont dépossédés de tout, les vagabonds qui ne peuvent vraiment s'arrêter nulle part, et ceux qui sont cloués sur place.

Un monde où nous aurions tout perdu, jusqu'au temps et à l'espace, où tout le monde aurait froid, faim, soif, même lorsqu'il y a trop à boire et à manger. Dans un monde comme celui-là, je crois qu'il y aurait encore une petite place pour l'art. Transmettre quelque chose, simplement. Le conte, la chanson, la danse ; ou une musique sans la musique, une poésie sans la poésie, un théâtre sans le théâtre...

La vigilance particulière qui est demandée aux artistes qui participent à *État d'Urgence* oblige aussi à reposer toujours la question, qui renaît sans cesse sous des formes nouvelles : quelle part à l'imaginaire, à l'invention, à l'expérimentation, quelle part à l'activisme ? Quelle part au spectaculaire et au divertissement, quelle part à la réflexion et au dialogue ? Quels liens réels avec les initiatives de la communauté ?

Un art modeste dans un monde où nous aurions tout perdu offrirait des occasions de déplacement, d'ébranlement. Il présenterait simplement une alternative au silence et à la parole confisquée. Ce serait un art léger et souple qu'on emporterait avec soi. Nous en aurions besoin, de temps à autre, pour nous aider à nous créer un lieu, à nous faire une place.

1. Humberto Giannini, *La «réflexion» quotidienne. Vers une archéologie de l'expérience*, trad. de l'espagnol par S. Seban et A. Madrid-Zan avec la coll. de V. Duchel, Aix-en-Provence, Alinea, 1992, p. 28, 30.

2. Paul Ardenne, « L'art public. Ambiguïté et crise de l'impact », dans Patrice Loubier et Anne-Marie Ninacs (dir.), *Les Commensaux. Quand l'art se fait circonstances*, Montréal, Skol, 2001, p. 35-44.

3. Voir Kristine Stiles, « Language and Concepts », dans Kristine Stiles et Peter Selz (dir.), *Theories and Documents of Contemporary Art: A Sourcebook of Artists' Writings*, Berkeley, University of California Press, 1996, p. 806.

4. Un excellent portrait de l'art action se trouve dans Richard Martel, Pierre Restany, Jean-Jacques Lebel et autres, *Art Action 1958-1998*, Québec, Éditions Intervention, 2001.

5. Patrice Loubier, « Un art à fleur de réel. Considérations sur l'action furtive », *Inter*, nº 81 (2002), p. 12-17.

6. Lise Lamarche, *Textes furtifs. Autour de la sculpture, 1978-1999*, Montréal, Centre de diffusion 3D, 1999, p. 286.

7. Fabrice Raffin, « Du nomadisme urbain aux territoires culturels. La mise en culture des friches industrielles à Poitiers, Genève et Berlin », dans Jean Métral (dir.), *Cultures en ville, ou de l'art et du citadin*, La Tour D'Aigues, Éditions de l'Aube, p. 51-68.

8. Victor Segalen, *Équipée. Voyage au pays du réel*, Paris, Gallimard, 1983 ; d'après la version électronique http://victor.segalen.free.fr/ (site consulté le 3 avril 2006). Pour une discussion plus récente, voir Kenneth White et Basserode, *Déambulations dans l'espace nomade*, Arles, Crestet Centre d'art et Actes Sud, 1995.

9. Ce thème philosophique est présenté notamment par Nathalie Depraz, dans Alexandre J.-L. Delamarre et autres, *L'expérience et la conscience*, Arles, Actes Sud, 2004.

10. Zygmunt Bauman, « Touristes et vagabonds », dans *Le coût humain de la mondialisation*, trad. A. Abensour, Paris, Hachette, 1999.

For the artist, a kind of self-conscious nomadism is at play here, or a disciplined form of self-exile, where tradition and established reference points vanish. Instead of lush landscapes and the touch of the dilettante, artistic intervention instead offers the artist a healthy dose of reality and adventure that is not the least bit heroic. Victor Segalen, one of the foremost experts on the transformation of the artistic experience in the early 20th century, emphasizes the commitment to reflection and introspection required of the artist who has chosen to challenge conventional wisdom. He adds, however, that the artist must let the truth come to him or her; or, as he puts it, "the true hiker walks on his merry way without feeling a compulsion to question each step along the way." [8] Artistic nomadism, then, always involves some aspect of observation and ideation.

This complex experience whereby art moves out of its familiar confines to interact on a deeper level with the world resembles, in my view, the interior journey all individuals embark on when they try to move beyond their usual comfort zone—for instance, to broaden their musical tastes, to "let go" of their rigidity in order to attain a sort of "free-floating vigilance" that allows them to be open to, and to truly hear, a work of music that may be unsettling at first, a music they may not even consider as music upon initial contact. This moment of openness is a revelation: the world as seen by the subject takes on a new hue and the subject is the better for it. At the extreme, dreams may seem more real than reality, and the journey within, more captivating than one's travels through space. If there is a type of wandering inherent in the artistic experience, it is this wandering of the imagination.[9]

Thus, the artist sets out to discover Reality or Real Life, which does not mean he foregoes his work as an artist. As numerous avant-garde artists since Segalen have remarked, throughout the 20th century and up to this very day, art which sets out to be interventionistic or strategic requires some sort of detachment. True, it resorts to artistic devices; but not, however, devices handed down by rote.

Artistic itinerance consists, above all, of actions or gestures verging on the primitive: to push aside, for a moment in time at least, convention, to forget what we have been taught and to invent new ways to discover Truth, free from the burdens of the past, or perhaps even within long-buried memories. This primitive work then allows a more sophisticated labour, that of transposition, translation, creation and appropriation.

A modest art for a doomed world

In a world where all is hopeless, would there be a place for art? It is a question I have sometimes asked myself. By imagining utopian "what ifs," we are often reminded of life's little truths.

Events such as État d'Urgence are proof that it is possible to free up the public space in order to shape the everyday world. Introspective nomadism, however, falls prey to the following paradox: the infinite universe, as seen through the lens of science, technology and economic prosperity, is also a finite space, sealed off, controlled. There permeates from all quarters an urgent call for less rigidity and more versatility and, above all, action—multi-tasking, ceaseless action. Indeed, pausing is hazardous. We are in the throes of an extreme compression of both time and space. As sociologist Zygmunt Bauman[10] once noted, there exist disparities in our "freedom of movement": some individuals spend their entire lives like tourists, players, or zombies; some are refugees, stripped of all earthly possessions, vagabonds who know not what it means to grow roots; and then there are those who are frozen on the spot.

A world where all is lost: hope, time and space; where everyone would be cold, hungry, thirsty, even as there exists a cornucopia of abundance. In such a world, I believe that art still has its purpose, its place, however cramped. If only to share something: a story, a song, a dance, perhaps even music without notes, poetry without words, theatre without actors.

The vigilance asked of artists participating in État d'Urgence begs a question which recurs in various guises: how big a role should imagination and invention play, and to what degree should activism be involved? What emphasis should be placed on the spectacular, and how much emphasis on introspection and dialogue? How authentic is the support for community initiatives?

A modest art for a doomed world would provide opportunities for movement, for shaking things up. It would simply be an alternative to silence and banned expression. It would be a light art, malleable, one we could carry with us. A portable art. We would turn to it every now and then to help us find a place for ourselves.

1. Humberto Giannini, *La réflexion quotidienne : vers une archéologie de l'expérience*, translated from the Spanish by S. Seban and A. Madrid-Zon in collaboration with V. Duchel (Aix-en-Provence: Alinéa, 1992), 28, 30. Our translation.

2. Paul Ardenne, "L'art public : ambiguïté et crise de l'impact," in Patrice Loubier and Anne-Marie Ninac eds., *Les Commensaux : quand l'art se fait circonstances* (Montreal: Skol, 2001), 35–44.

3. Refer to Kristine Stiles, "Language and Concepts," in Kristine Stiles and Peter Selz, eds., *Theories and Documents of Contemporary Art: A Sourcebook of Artists' Writings* (Berkeley: University of California Press, 1996), 806.

4. An excellent description of art as action can be found in Richard Martel *et al.*, *Art Action 1958-1998* (Québec City: Éditions Intervention, 2001).

5. Patrice Loubier, "Un art à fleur de réel : considérations sur l'action furtive," *Inter* 81 (2002),12-7.

6. Lise Lamarche, *Textes furtifs : autour de la sculpture, 1978-1999* (Montreal: Centre de diffusion 3D, 1999), 286.

7. Fabrice Raffin, "Du nomadisme urbain aux territoires culturels : la mise en culture des friches industrielles à Poitiers, Genève et Berlin," in Jean Métral, ed., *Cultures en ville, ou de l'art et du citadin* (La Tour D'Aigues: Éditions de l'Aube, n. d.), 51–68.

8. Victor Segalen, *Équipée : voyage au pays du réel* (Paris: Gallimard, 1983); based on the electronic version at http://victor.segalen.free.fr/ (site consulted April 3, 2006). Our translation. For a more recent discussion, refer to Kenneth White and Jérôme Basserode, *Déambulations dans l'espace nomade* (Crestet Centre d'art and Arles: Actes Sud, 1995).

9. This philosophical theme is presented, notably, by Nathalie Depraz, in Alexandre J.-L. Delamarre *et al.*, *L'expérience et la conscience* (Arles: Actes Sud, 2004).

10. Zygmunt Bauman, "Tourists and Vagabonds," in *Globalization: The Human Consequences* (New York: Columbia University Press, 1998).

MURS DU FEU

ACTION TERRORISTE SOCIALEMENT ACCEPTABLE
www.atsa.qc.ca

LES MURS DU FEU WALLS OF FIRE

DU 9 AOÛT AU 22 SEPTEMBRE 2002 AUGUST 9 TO SEPTEMBER 22, 2002

Dans le cadre du projet **Mémoire vive** organisé par DARE-DARE et le Centre d'histoire de Montréal, l'ATSA actualise la mémoire et l'histoire de la Main à travers une recherche intensive dans les archives documentant ses murs incendiés. Ce projet s'inscrit dans le temps, dans l'espace et dans la matière, en sondant l'expérience humaine, esthétique et sociale que provoque cette force vitale et destructrice de la nature. Une expérience **in situ** en deux temps : une soirée incendiaire lance un trajet piétonnier de dix-sept boîtes d'alarme réactualisées en petits musées dans la rue. La première propose de revivre, en plein cœur du secteur « Red Light », des moments d'histoires reliés aux lieux incendiés en quelques îlots d'expériences non narratives : la mise à feu de l'American Spaghetti House, la Boucherie Brown, le cinéma Ève, les forgerons et les cracheurs de feu et plusieurs animations théâtrales du Montréal des années 1930. Le trajet piétonnier propose une visite de la Main à travers des époques et des styles, mais surtout un constat et une réflexion sur les valeurs et les choix sociaux que l'irruption des feux et la reconstruction reflètent de notre ville.

As part of the **Mémoire vive** project organized by DARE-DARE and the Centre d'histoire de Montréal, ATSA reactualizes the memory and history of The Main through extensive research of city archives documenting the boulevard's burned-out walls. The project takes a dense, multi-layered approach to time, space and matter, revealing the human, aesthetic and social repercussions of the fundamental, destructive force of fire. It is a site-specific journey in two acts: an incendiary evening inaugurates a walking tour featuring 17 old-fashioned alarm boxes revamped as mini museums dotting the boulevard. The opening night allows the public to relive, in non-narrative form, several slices of history related to the burning down of buildings which had once stood in the heart of the infamous Red Light district—the American Spaghetti House, Brown's Butcher Shop, the Ève movie house, the blacksmiths, the fire-breathers and other theatrical entertainment of circa 1930s Montreal. The walking tour offers a glimpse of The Main through different eras and styles, but above all, a reflection on the social mores and choices that surface with the eruption of fire and the aftermath of reconstruction.

LA VILLE VÉCUE
ENTRE MÉMOIRE ET OUBLI
NOTES SUR
LES MURS DU FEU
DE L'ATSA

COMMENT SE REPRÉSENTER AU JUSTE LES MURS DU FEU (2002) QUI INTITULAIENT L'INTERVENTION

On aurait tellement aimé que ce projet soit permanent qu'on a fait «FRAG»

PATRICE LOUBIER Critique d'art indépendant et chargé de cours à l'Université du Québec à Montréal et à l'Université d'Ottawa, Patrice Loubier s'intéresse aux formes contemporaines de la création, a écrit sur l'installation, la performance, l'*in situ* et l'interdisciplinarité, et travaille en particulier sur l'art d'intervention et les pratiques furtives. Avec Anne-Marie Ninacs, il est à l'origine des *Commensaux*, une programmation spéciale du Centre des arts actuels Skol à Montréal, en 2000-2001. Il a aussi été commissaire, avec Mélanie Boucher et Marcel Blouin, d'*Orange*, événement d'art de Saint-Hyacinthe, en 2003. Au printemps 2005, il cosignait, avec André-Louis Paré, la Manif d'art 3 de Québec. An independent art critic and lecturer at Université du Québec à Montréal and Ottawa University, Patrice Loubier is interested in the contemporary manifestations of creation; he has written about installation, performance art, site-specificity and interdisciplinarity. His research especially concentrates on intervention art and furtive practices. With Anne-Marie Ninacs, he initiated *Les Commensaux*, a special programming at Centre des arts actuels Skol in Montreal, in 2000-01. With Mélanie Boucher and Marcel Blouin, he was also the co-curator of art event *Orange*, in St-Hyacinthe (2003). In the spring of 2005, he organized Quebec City's *Manif d'art 3* jointly with André-Louis Paré.

DE L'ACTION TERRORISTE SOCIALE-MENT ACCEPTABLE (ATSA) ?

En principe, on imaginerait non pas des murs *du* feu, mais plutôt des murs abattus *par* le feu, parce que le feu, justement, se joue des murs qu'il rencontre... Grâce à cet oxymore implicite qui, en elle, lie l'unité fondamentale de l'abri construit à un élément éminemment destructeur, la métaphore de ce titre reste fluide : on n'arrive pas à la fixer dans une signification stable, à la résoudre par une interprétation certaine. Au contraire, par exemple, d'un trope comme le « mur du son », devenu une expression consacrée dans le langage courant, et auquel je ne peux m'empêcher de penser quand je lis les « murs du feu ». Les murs du feu/le mur du son : l'association d'idées paraît insolite, puisque ce projet de l'ATSA regarde plutôt vers le passé, cherchant moins à percer une frontière technologique fantasmée (la vitesse supersonique) qu'à proposer un exercice de remémoration de l'histoire.

Pourtant, l'événement Mémoire vive (organisé par DARE DARE), dans lequel ce projet s'insère, a précisément pour objectif de raviver la mémoire, de lui donner une actualité et une urgence qu'elle n'a pas d'ordinaire, et à cet égard, les incendies dont l'ATSA a choisi de traiter sont un prétexte heureux. Car pour leur participation à Mémoire vive, Annie Roy et Pierre Allard se sont faits historiens : les petites boîtes vitrées qu'ils ont disséminées le long du boulevard Saint-Laurent relatent, par le biais de textes, de photos, de coupures de journaux et d'objets d'époque, une série d'incendies ayant eu lieu du XIXe siècle à nos jours sur la « Main », depuis l'avenue Mont-Royal jusqu'aux abords du Quartier chinois, avec quelques arrêts sur la rue Sainte-Catherine. Sous la forme d'un parcours urbain que le passant découvre à

THE FORGOTTEN CITY, REMEMBERED / NOTES ON ATSA'S LES MURS DU FEU What to make of ATSA's 2002 intervention *Les Murs du Feu*? The title connects our city's built heritage to that eminently destructive force that is fire. One is reminded of the trope *mur du son,* "wall of sound," an expression which has passed into our language. The reflexive association of one to the other may seem odd, as this particular ATSA project casts an eye toward the past, seeking not to fulfill a futuristic fantasy of transgressing the technological barrier that is supersonic sound, but instead, to recollect history.

And yet, the mission of the *Mémoire vive* event (organized by DARE DARE), into whose framework the *Murs du Feu* project is subsumed, is precisely to reawaken our memory and give it an urgency and a topicality it does not usually possess. The fires ATSA has chosen to share with us are an apt means to achieving that end. For their role in *Mémoire vive,* Annie Roy and Pierre Allard put on their historian's hats with suitable aplomb: the small display cases they have dispersed all along Saint-Laurent Boulevard chronicle, through texts, photographs, newspaper clippings and other curios, a series of fires which occurred between the 19th century and the present day on "The Main," specifically on the stretch from Mont-Royal Avenue to the north and Chinatown to the south, with some detours onto Sainte-Catherine Street along the way. Set up as a self-guided, almost serendipitous tour of the city, it affords passers-by numerous glimpses into Montreal's local history, exploring the infamous Red Light and entertainment district of the 1930s and 1940s, the textile factories north of Sherbrooke, the ravages wrought by successive fires, and the development of the city's infrastructure and firefighting arsenal, among others.[1] The display cases serve not only to display information but, being attached to the street's lampposts, take on the look of the old-fashioned "alarm boxes" that once dotted the streets of Montreal.[2]

Fire may certainly seem a surprising choice of subject matter, but it really is appropriate for telling the story of Montreal, as a great many fires have marked the city's history.[3] Worth noting too is that the Centre d'histoire de Montréal, headquarters of the *Mémoire vive* event, was itself formerly a fire fighting station. Within the broader framework of an event such as *Mémoire vive,* the fire theme is not a fortuitous choice either, for in the greater context, fire is inextricably linked to History. Indeed, as a frequent cause of major disasters, it marks the collective consciousness by its sheer violence and destructive force, and by the haste with which it can erase what makes history possible in the first place, namely the perennity of human works and the preservation of documents which guarantee their lasting memory. (Recall the enormous, irretrievable losses to the human patrimony that were the complete annihilation of the Library of Alexandria, once the largest library in the ancient world, and the Great Fire of London, which razed the better part of the city in 1666.) It is quite paradoxical that, while the discovery of fire marked a turning point in the development of prehistoric man, the modern blaze, as an unleashing of the elements, remains a jarring reminder of man's fragile tenure on Earth.

Seeing *Les Murs du Feu* relativizes the sense of perennity with which today's citizen perceives the urban environment. While the latter is experienced as a solid bedrock for our daily

La prémisse des « Murs du Feu » est apparue un an plus tôt,
dans la forêt brûlée du Montana ... On est tombés sur un
domaine calciné ; une scène apocalyptique. On en a rapporté un
coffre à outils pour reconstruire l'histoire de ces gens ...
finalement on l'a ressorti pour « Mémoire Vive » !

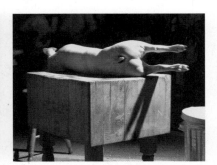

la manière d'invites à la digression, voilà autant d'échappées sur l'histoire locale de Montréal, où sont évoqués au passage le légendaire quartier du « Red Light » et des spectacles des années 1930 et 1940, les manufactures textiles au nord de Sherbrooke, les ravages successifs des incendies, le développement de l'infrastructure de la ville et des techniques de lutte contre le feu, entre autres sujets[1]. Tout en étant des présentoirs d'information, ces objets s'intègrent au paysage urbain par le biais d'une certaine mise en scène : ils sont fixés aux lampadaires et reprennent la forme des anciennes « boîtes d'alarme » qui parsemaient autrefois les rues de Montréal[2].

L'incendie peut sembler un prétexte surprenant, certes, mais il est tout à fait heureux pour raconter une ville comme Montréal, lorsqu'on sait le grand nombre de feux qui ont ponctué son histoire[3]. Et puis, comment oublier que le Centre d'histoire de Montréal, quartier général de l'événement Mémoire vive, est lui-même une ancienne caserne de pompiers ? Mais de façon plus profonde, ce thème, dans un événement comme Mémoire vive, n'est pas fortuit. Le feu est en effet intimement lié à l'Histoire elle-même : désastre majeur, il marque la mémoire collective par sa violence aveugle, sa force destructrice, et aussi, justement, par la rapidité avec laquelle il est capable d'effacer ce qui rend possible l'histoire même : la pérennité des ouvrages humains et la préservation des documents qui en assurent la mémoire (pensons à ces « traumas » de l'histoire universelle que furent l'anéantissement de la légendaire bibliothèque d'Alexandrie et le grand incendie de Londres qui ravagea la majeure partie de la ville en plein XVIIe siècle). Curieux télescopage : si l'invention du feu marque une étape inaugurale dans le récit des origines de l'humanité, l'incendie, en tant que déchaînement des éléments, est ce qui a de tout temps rappelé à l'humanité sa condition précaire.

La découverte des Murs du feu a d'ailleurs pour effet de nuancer le sentiment de pérennité avec lequel le citadin contemporain perçoit habituellement l'environnement urbain. Alors que celui-ci est vécu comme l'assise stable de la quotidienneté de nos habitudes, de nos projets et de notre familiarité avec la ville, le décor de la rue, considéré dans le long terme, se révèle en fait sujet à de constantes modifications – pas seulement décidées par édiles et promoteurs, mais parfois aussi forcées par les circonstances.

Il faut à cet égard saluer la pertinence et l'efficacité d'une intervention qui donne beaucoup à voir, à lire et à connaître, de même que la justesse des moyens utilisés pour la réaliser et l'intégrer dans le tissu urbain. S'adressant au piéton à même l'immédiateté de la rue, pour ainsi dire, ces boîtes pouvaient être appréciées tant par le spectateur prévenu que par le passant occasionnel ou le touriste (il y a fort à parier que certains ont d'ailleurs pu les prendre pour de véritables bornes didactiques...). À l'instar de plusieurs autres travaux présentés lors de Mémoire vive, Les murs du feu permettent au Montréalais de visiter sa propre ville, de la découvrir comme un touriste peut le faire (par exemple, il fallait bien se prêter au rite du tour en calèche si l'on voulait voir in situ les couvertures d'Ani Deschênes !).

Entre document et monument

Il peut être intéressant de remarquer que ces boîtes d'alarmes impliquent un va-et-vient constant – et ambigu – entre la vocation didactique des documents reproduits et la dimension rhétorique des objets et débris divers qui, disposés sur leur rebord intérieur, participent à la fois de la nature morte et de la reconstitution d'ambiance.

Si les textes, les articles de quotidiens et les photographies expliquent et racontent le désastre, ces objets, eux – bouts de bois calcinés, fils, chaussures, parures, etc. – témoignent de l'événement, à la manière de décombres provenant de l'incendie (c'est d'ailleurs pourquoi ces boîtes, en donnant à voir ces vestiges sous verre, évoquent des châsses). Ils complètent ainsi les documents en connotant le passé désuet, la violence du feu, en suggérant aussi les activités caractérisant le quartier qui fut le théâtre de l'incendie (bouteilles de bière, parures dans le « Red Light », fils pour les manufactures de textiles, etc.). Ces objets, à la fois indices et éléments de mise en scène, tout en attestant des événements racontés, comme des natures mortes poignantes ou dérisoires, appellent le regard affectif de la nostalgie face à une époque révolue, à des mœurs ou à des activités économiques tombées en désuétude. On pourra déplorer que ces compositions versent parfois dans une illustration assez littérale du thème du passé, avec ressort nostalgique à la clé. Mais la justesse du dispositif l'emporte largement sur cet aspect plus faible qui, on doit le dire, peut être motivé par la stratégie d'adresse aussi large que possible de cette intervention inscrite dans l'espace public.

À vrai dire, cependant, la coupure entre document et illustration n'est pas si marquée : les photographies d'époque ou même les pages de quotidiens, plus elles sont anciennes, apparaissent aussi comme des artefacts issus du monde même dont elles racontent un épisode. On aperçoit une page du défunt Montreal Star, on s'étonne devant la typographie désuète de la Gazette des années 1870, devant les tours idiomatiques du style journalistique d'avant-guerre, on remarque que naguère les conseillers municipaux s'appelaient des « échevins », on s'arrête aux enseignes commerciales ou aux chevaux dans les rues : tous ces éléments mineurs ou périphériques au propos se mettent à faire signe, à captiver, à entretenir et à relancer l'attention de l'observateur. Fascinant à cet égard est le leitmotiv de l'enchevêtrement dramatique des boyaux d'arrosage courant sur la chaussée qu'on observe dans plusieurs photographies. Il en résulte le sentiment de regarder la ville dans le sens d'une épaisseur véritablement temporelle, d'une plongée dans le passé, d'autant que parfois, un site a pu subir plus d'un incendie, si bien qu'on circule d'époque en époque.

Tout en flirtant, par la vocation documentaire et par l'ancrage in situ de leur projet, avec la mise en valeur du patrimoine et les multiples dispositifs d'interprétation touristique, l'ATSA évite pourtant de réduire son discours à la seule célébration festive du passé. Le ton est personnel, engagé, voire polémique, il ne présente nullement la lisse neutralité didactique du panneau d'interprétation patrimoniale ; il prend le spectateur à témoin d'observer, de s'informer, pour mieux apprécier ou au contraire pour s'insurger contre telle aberration ou irrespect infligé au paysage urbain.

On est loin d'une consécration per se du passé (et, par là, le présumant réparé, supposant le présent indemne, épargné de ses vicissitudes), encore moins de son enrôlement dans l'euphorie forcée de ce que Philippe Muray appelle la civilisation

lives, our projects and our familiarity with the city, street façades are in fact, in the long term, a canvas for constant change, the result not only of the volition of city councillors and real estate promoters but sometimes of sudden transformation dictated by circumstances.

One must applaud the relevance and effectiveness of an intervention which provides much to see, read and learn, as well as the measured approach and appropriateness of the means employed to execute it and integrate it into the urban fabric. Calling out to the pedestrian in the immediacy of the street, these boxes could be appreciated as much by the informed spectator or critic as by the odd passer-by or the tourist. (Indeed, some tourists may well have taken them to be *bona fide* educational markers!) Like many of the other works presented during *Mémoire vive, Les Murs du Feu* allowed Montrealers to visit and discover their own city just as a tourist might. (For instance, one simply had to take the obligatory *calèche* ride if one wanted to see Ani Deschênes's blankets in their true habitat!)

Walking the line between document and monument

It is not without interest to note that the intent of the alarm boxes constantly shuffles back and forth, somewhat ambiguously, between the didactic role of the documents reproduced therein and the rhetorical aspect of the objects and various debris that, laid out and arranged on the internal sill, both serve as still lifes and the reconstitution of a particular past ambiance.

If the texts, newspaper clippings and photographs help tell the story of the disaster, these objects—burnt slivers of timber, ropes, shoes, jewellery, and so on—are the tangible rubble that bears witness to it. (For this very reason, the boxes, with their glass-encased remains, can be likened to shrines.) The objects complement the documents and bring home the reality of the violence of fire and the finality of what once was, while providing insight into the activities which went on in the neighbourhood that was the scene of the blaze (beer bottles and jewellery in the Red Light district, yarn for the textile mills, and so on). These objects, serving both as clues and props, attest to the events described, like so many poignant or inconsequential still lifes, drawing our nostalgic gaze to a bygone era, with all its dated customs and economic activities. One could bemoan the sometimes literal, hackneyed view of the past preferred by these arrangements cast in a nostalgic frame of reference. However, the aptness of the vehicle largely diminishes the sway of such criticisms; and indeed, it could be argued that such literalism may be the by-product of an attempt to attract as broad an audience as possible to an intervention staged in the public space.

In fact, though, it is a fine line indeed between document and illustration: the older the period photographs and newspaper clippings are, the more they tend to appear as artifacts from that very world they describe. We are enthralled to see a page from the now-defunct *Montreal Star,* or the outdated typography of a copy of *The Gazette* from the 1870s, or the pre-war journalistic conventions; we marvel to learn that city councillors were in a not-too-distant past once referred to as "aldermen"; our attention focuses on the store-front signs or the horse-drawn carriages lining the street. All these incidental elements, while subsidiary to the main thrust of the work, nonetheless serve to draw in

and captivate the observer. Truly fascinating in this respect is the striking tangle of fire hoses strewn about the pavement, a recurring feature of many photographs. One has the impression of observing the city through a temporal lens, of taking a deep plunge into the past, a feeling which is magnified when one considers that certain locations have been the site of more than one blaze throughout the decades.

ATSA's installation, through its function as documentary evidence as well as its location on the actual sites of the blazes, touches upon issues of heritage development and of the various mechanisms for touristic interpretation thereof, and to its credit, avoids being simply a joyous celebration of the past. Its tone is personal, committed, controversial even; absent is the neat didactic neutrality common to historical interpretation markers. ATSA expects the spectator to get informed, to better understand, perhaps even to rise up against a particular aberration or insult inflicted upon our city's landscape.

One is far from a simple sanctification of the past—with the attendant presumption that all its loose ends are tied up and that our present time has been spared any ongoing repercussions—and even further removed from the forced euphoria of what theoretician Philippe Muray calls the "hyperfestive"[4] civilization, but rather, closer to an urban editorial, a vigilant exercise in memory. The interest of *Les Murs du Feu* lies well beyond its being an *in situ* history lesson: ATSA not only takes a stand against certain developments deemed aesthetically tasteless and disrespectful of our heritage, such as its denouncement of a planned Loblaw's store at the corner of Mont-Royal, at the exact same spot where the Habs once thrilled fans in an arena; but more ambitiously, it urges the spectator to look up at the building façades, to take in the vertical richness of our urban landscape, its mix of styles—in short, to observe the city we live in as a palimpsest through which seep the traces of successive

« hyperfestive[4] », mais plus proche d'un éditorial urbain, d'un vigilant exercice de mémoire. L'intérêt des *Murs du feu* va donc bien au-delà du seul cours d'histoire livré *in situ*; non seulement l'ATSA prend-elle position à l'égard de telle ou telle reconstruction jugée de mauvais goût et faisant fi du patrimoine et de la beauté du lieu, dénonçant par exemple l'installation prochaine d'un Loblaw's, avenue Mont-Royal, à l'endroit même où jouèrent les Canadiens dans une ancienne aréna, mais plus largement elle incite le visiteur à lever la tête vers les façades et les étages, à s'approprier par le regard le paysage vertical de la ville pour y apprécier l'expression de styles, de modes de vie, de valeurs diverses; à observer la ville vécue, donc, comme un palimpseste où pointe la survivance d'époques mêlées. Les textes pointent ainsi les défauts et les aspérités, ils accusent ou ils déplorent, autant qu'ils relèvent les sites d'intérêt, ou prennent plaisir à révéler tel ou tel aspect de la vie autrefois, au nom d'une sensibilité toujours personnelle – et la subjectivité assumée du point de vue est précisément ici ce qui donne sa résonance et son poids au propos.

C'est que *Les murs du feu* ne racontent pas la ville à partir d'un surplomb désincarné, mais semblent bien plutôt en sourdre comme une voix parmi les autres qui en constituent l'étoffe, et s'adresser au passant dans un échange qui n'engage pas seulement son statut de sujet cognitif, mais aussi sa conscience éthique de citoyen. L'ATSA s'adresse à lui comme à un interlocuteur qui est partie prenante d'une communauté d'intérêts pressentie; elle ne relate pas au passé simple une histoire close, écrite pour de bon et inoffensive, mais prend à témoin le passant d'une histoire qui *continue d'avoir lieu* sous ses yeux et de modeler le lieu actuel d'où on l'observe.

Par ailleurs, considéré du point de vue des pratiques d'interventions urbaines, le projet de l'ATSA a ceci de particulier qu'il oriente l'attention vers la ville présente, vers l'état des lieux tel qu'il s'offre au présent; car la relation du passé, donnée à voir et à lire *in situ*, est toujours de quelque manière rapportée au présent, ne serait-ce que par les repères que constituent les carrefours ou les adresses où se sont déroulés les événements racontés.

L'une des leçons, de prime abord surprenante, qu'on peut tirer de ce projet, c'est que le feu n'est peut-être pas la pire violence faite à la ville ou l'élément le plus destructeur de son tissu humain : plus insidieuses paraissent la négligence et la myopie des pouvoirs publics, l'avidité des intérêts privés ou mercantiles. Rien qu'on ne savait déjà, à dire vrai, mais le mérite des *Murs du feu* est, en l'espèce, de nous en fournir un témoignage inédit, de rappeler l'ancienne blessure sous la cicatrice.

Une manœuvre introvertie?

Encore que, justement, le travail de documentation et d'interprétation réalisé par l'ATSA ne se réduit pas au seul manichéisme de cette équation. L'« acte d'accusation » coexiste avec la stimulation d'ordre esthétique et voisine avec la suggestivité poétique de bien des rapprochements qui s'opèrent par l'information, les photographies, la narration. Il y a là une ouverture salutaire qui laisse toute la place à l'autonomie du geste artistique.

À cet égard, ce qui étonne dans ce projet est sa relative discrétion par rapport aux interventions antérieures de l'ATSA (et ce en dépit du fait que la soirée d'inauguration du 9 août fut l'un des moments les plus médiatisés de Mémoire vive). Plutôt qu'une

generations. The texts point out defects and rough spots, they deplore and point an accusatory finger, just as much as they delight in revealing places of interest or in shedding light on the customs of yore. Throughout, the point of view remains fiercely subjective and this is what imparts to the enterprise its resonance and *gravitas*.

Les Murs du Feu does not tell the city's story from a detached perch, but rather, seems to well up like a voice among the many voices which make up Montreal's fabric, and lure the passers-by into a dialogue that engages them not just on a cognitive level but that also appeals to their ethical conscience as a citizen. ATSA treats the spectator as belonging to a community of the "chosen." The story it relates does not come with a proper ending and there is no safe, irreversible conclusion; no, ATSA makes the passers-by witnesses to a story which continues to unfold around them and shape the very scene of its telling.

From the viewpoint of contemporary urban intervention practice, ATSA's project is singular in that it turns our attention to the present city, that is, toward the state of the physical space as we see it at this moment. The past, which is ours to discover and read about *in situ*, is always somehow inextricably linked to the present, if only through the reference points that are the intersections or street addresses where the events described took place.

One of the lessons to be drawn from this project, surprising at first, is that perhaps fire is after all neither the worst form of violence done to the city nor the latter's most destructive human element. More insidious are the negligence and shortsightedness of the public authorities and the greed of private and mercantile interests. Upon closer consideration, though, this is nothing new; the true merit of *Les Murs du Feu* lies in providing us with fresh evidence of this point, and reminding us of the original wound beneath the scar.

An introverted manoeuvre for ATSA?

That said, ATSA's documentation and interpretation does not merely serve a rigid, black-and-white exposition of this viewpoint. Any instances of finger-wagging coexist alongside numerous opportunities for aesthetic stimulation verging on the poetic, to be found in the texts, photographs and objects. There is an evident, healthy openness that gives full reign to artistic expression.

Along those lines, what is surprising about this project is its relative discreetness as compared to ATSA's previous outings (despite the fact that the opening night ceremonies on August 9 were one of *Mémoire vive*'s peaks in terms of media coverage). No public space ostentatiously occupied and transformed (as was the Place des Arts esplanade for *La Banque à Bas*, or Place Émilie-Gamelin for *État d'Urgence*), but instead, fairly low-key urban furniture set up in the street; no dominant activity uniting the community and giving a voice, a forum and an impact to a group of victims (refugees, the homeless, street youth, and so on) or taking on a societal ill such as rampant consumerism or waste (as did the *Parc Industriel* project), but rather, a didactic device drawing passers-by into an interactive, almost intimate, "bubble" in which learning happens; no militant message or denouncement, but a voicing of opinions on a multiplicity of issues. This shows, if such proof were even necessary, that Roy and Allard are able to adapt to a variety of intervention and production parameters.

place publique occupée et transformée de façon ostensible (telle la Place des Arts pour *La Banque à Bas* ou le camp de réfugiés d'*État d'Urgence*), un mobilier urbain assez discret installé dans la rue; plutôt qu'une activité communautaire dynamisant l'agora, donnant voix, feu et lieu à un groupe victime (réfugiés, sans-abri, jeunes de la rue, etc.) ou abordant un problème comme la surconsommation et le gaspillage (le *Parc industriel*), un dispositif didactique qui n'interpelle le passant qu'à une échelle proxémique et quasi intime; plutôt qu'un message dénonciateur et militant, une prise de parole ouverte à de multiples enjeux. Cela montre, s'il en était besoin, la capacité d'adaptation du duo à des contextes variés de production et d'intervention.

Et pourtant, malgré ces différences, *Les murs du feu* s'inscrivent dans le droit fil des préoccupations de l'ATSA. Leur cause, car il en est une dans ce projet aussi, est bien la défense du patrimoine bâti et, au-delà, l'éveil à l'importance du tissu communautaire dont les incendies, par leur violence, montrent toute la vulnérabilité. Il s'agit encore d'interpeller le citoyen, de héler le citadin dans son espace de vie, de l'inciter à regarder autour de lui, à déchiffrer, comme les auteurs l'ont fait avant lui, le scénario politique implicite des transformations de l'architecture et des métamorphoses de l'urbanité; il s'agit encore de prendre position, de dénoncer, d'alerter (voilà que la fonction des boîtes d'alarme retrouve donc une actualité nouvelle!) le citoyen quant aux déprédations aveugles ou à l'insensibilité de l'entreprise privée à l'égard du patrimoine et des valeurs des communautés locales; de prendre à témoin, donc, le passant, le travailleur, le touriste ou le résidant, non seulement de l'importance de l'histoire et de la nécessité de la faire nôtre, mais aussi du fait que celle-ci habite, aussi précairement que nous, les lieux du présent, et qu'elle est, elle aussi, à protéger.

En ce sens, la dimension artistique de ces boîtes à incendie (de même que la fonction didactique du dispositif) demeure, comme dans toutes les interventions du duo, au service d'une cause. La réussite des *Murs du feu* réside, à mon avis, outre la pertinence de cet engagement citoyen, dans l'équilibre fécond avec lequel l'ATSA a concilié ces deux aspects, donnant ainsi une autonomie respective partagée au politique et à l'esthétique.

Ce texte est paru dans *esse arts + opinions*, nº 47 (2002), p. 24-29.

1. L'inauguration de ce parcours donnait lieu, le 9 août 2002, à une fête et à des activités d'animation sur un terrain vague de la rue Sainte-Catherine, avec visite d'un ancien camion de pompiers, projection de vidéos et kiosques reconstituant l'ambiance de la belle époque du « Red Light » et notamment l'incendie ayant détruit l'American Spaghetti House en 1959. Bien que cet événement soit partie intégrante du projet de l'ATSA, je me concentrerai ici sur la partie plus « permanente » du projet que sont ces boîtes vitrées.
2. Par leur fonction documentaire et par leur esthétique de la reconstitution, ceux-ci peuvent rappeler les caissons que Françoise Sullivan avaient installés le long de la rue Sherbrooke pour l'événement *Corridart*.
3. L'artiste Marc Cramer, dans un tout récent documentaire sur *L'affaire Corridart*, confie son désarroi d'Européen lors de son arrivée au Québec devant la fréquence des incendies à Montréal.
4. Voir ses textes parfois... incendiaires parus dans la *Revue des Deux Mondes* et rassemblés dans son livre *Après l'histoire*, Paris, Les Belles Lettres, 1999.

Yet despite these differences, *Les Murs du Feu* is consistent with ATSA's central concerns. Their cause—for this project too has one—is very much the defense of our built heritage and, beyond that, our awakening to the importance of the community fabric, whose vulnerability is demonstrated by the violence of the fires that transform it. Their *modus operandi* consists once again in reaching out to the citizens right where they live, to incite them to look around and decipher, as scholars have done before them, the political underpinnings, often hidden, of architectural transformation and urban metamorphosis; taking a stand, denouncing, alerting (how fitting, then, are those alarm boxes!) the citizenry to the reckless plunder wrought by private enterprise and the insensitivity shown by business interests toward heritage and community values; having the passer-by, the worker, the tourist and the resident bear witness not only to the importance of history and of claiming it as one's own, but also to the fact that history, like all of us, inhabits the present precariously and that it too must be protected.

In that sense, the artistic dimension of these alarm boxes (as well as their educational value) serves a cause, as art does in all of the duo's interventions. Aside from its pertinence as a manifestation of citizen engagement, *Les Murs du Feu*'s success lies, in my view, in the creative equilibrium with which ATSA has reconciled these two aspects, the political and the aesthetic, giving each its own autonomy.

This text was first published in *esse arts + opinions* 47 (2002), 24-9.

1. The inauguration of *Les Murs du Feu*, on August 9, 2002, included festivities and activities on an abandoned lot on Sainte-Catherine Street, including a tour of an old fire truck, video screenings, and stands reconstituting the look and feel of the Red Light's heyday, particularly the blaze that claimed the American Spaghetti House in 1959. Although this event did constitute a component of ATSA's project, I will focus here on the more "permanent" component of the project that are these display cases.
2. In their capacity as documentary evidence and in the aesthetics of their execution, they bring to mind the display cases Françoise Sullivan had installed along Sherbrooke Street for 1976's Corridart event.
3. In a quite recent documentary on the Corridart Affair, artist Marc Cramer admits the dismay he felt as a European newly arrived to Quebec and faced with the frequency of fires in Montreal.
4. Refer to his sometimes "incendiary" writings published in the *Revue des Deux Mondes* and anthologized in his book *Après l'histoire* (Paris: Les Belles Lettres, 1999).

Nos boîtes d'alarme ont été exposées au Musée des pompiers Auxiliaires de Montréal de 2002 à 2005 puis entreposées dans leur sous-sol... jusqu'à ce que quelqu'un décide de faire le ménage et de les jeter... tout est parti en fumée!

LES RUINES DE L'INCENDIE D'HIER, VUES DE LA RUE STE-CA-THERINE.

AMUSEMENTS!

Théâtre FRANÇAIS

... côté sud est du stationnement où s'érigeait alors les portraits, La Maison du Bon Ton et Dexter Shoes. ...ces, ce sont plutôt les logements adjacents qui sont ... foyer sont à la rue. L'actuelle crémerie était à ...server la bâtisse et l'American Spaguetti House du

...side of the existing parking lot, where you could find ...raits, La Maison du Bon Ton and Dexter Shoes. In ...blishments, neighboring houses were also destroyed, ...he creamery was, at that time, a jeweler's. ...Spaghetti House restaurant on the second floor.

Evénement #68
91 et 92ème pompiers décédés en devoir

Date de l'accident: 24 février 1959

Date du décès: 24 février 1959

Noms:
NORMOYLE, Edward   53 ans assistant-directeur intérimaire
Pompier depuis le 16 février 1931
Lieutenant le 25-09-1946 ; Capitaine le 20-08-1948
Chef de District le 20-03-1951 ; Chef de Division le 24-11-1955
Domicilié au 501 rue Manning. Il était marié. Son frère, Andrew,
était aussi pompier.

DAUDELIN, Hubert   26 ans pompier à la caserne 26
Il remplaçait à la caserne 14
Pompier depuis le 16 mai 1955   matricule 1785
Domicilié au 3429 rue Gascon. Il était marié.

Type d'accident:
AU FEU   [X]   EN CASERNE   [   ]
SUR LA ROUTE [   ]   DEMONSTRAT' [   ]

Lieu: American Spaghetti, 68 est Ste-Catherine coin Berger

Sommaire de l'accident: Les deux pompiers ont glissés dans le
bâtiment lorsqu'une partie du toit s'écroula. Plusieurs tentatives
de sauvetage ont échouées. Les deux pompiers sont finalement
décédés d'hypothermie.

Heures:
APPEL: vers 20:00
ACCIDENT: vers 21:00   Les deux pompiers étaient encore vivant vers
minuit. Ils ont été retirés des débris vers 04:30

Nbre d'alarmes:

Exposés: ...ié coopérative de frais funéraires
...2 est rue Ste-Catherine

Funérailles: samedi le 28 février 1959 à 10:00
...à l'église Notre-Dame, 116 ouest rue Notre-Dame

...mation: Cimetière de la Côte-des-Neiges

Divers: M.Normoyle était le beau-frère du directeur Paré
Lorsque le toit s'écroula neuf pompiers se trouvaient là. Sept
...rent s'agripper à la corniche ou à l'enseigne lumineuse.

Le 24 fév. 1959, l'incendie de L'American
Spaguetti House marque la fin de la grande
époque du red light...ce fameux restaurant était le
lieu privilégié de la mafia montréalaise et
appartenait à M. Bissante, ami de M.Cotroni, et
dont la Madame était l'une des plus grande
tenancière de bordel du coin. Malgré ses dessous
interlopes c'était aussi un restaurant très
populaire où M. et Mme tout le monde sortait ou
faisait des réceptions de familles. Depuis cette
date, l'espace est rentabilisé par un stationnement
dont le permis d'opération n'a cependant pas été
facile à recevoir.

This proved to...
the fire in the...
the end of a...
This well-know...
members of...
Bissante, was...
wife, Ms...
best known...
...e restaura...
the average...
Since then, t...
parking lot...
to obtain...

...RRORISTE SOCIALEMENT A...

CHA

NGE™

ATSA™

CHANGE DU 2 OCTOBRE AU 11 DÉCEMBRE 2008 OCTOBER 2 TO DECEMBER 11, 2008

Cette rétrospective de la production d'ATSA est intégrée à une opération globale de mise en marché. Pendant dix semaines, l'ATSA investit le monde du marketing et s'offre en cobaye en ouvrant un lieu temporaire de commerce nommé **CHANGE**, un espace de rencontre entre l'économique et l'artistique où l'ATSA utilise ses images d'archives, ses bandes sonores, ses vidéos et artefacts comme base de création d'œuvres et de produits dérivés offerts à la vente, s'adressant à la fois au marché de l'art et au grand public. **CHANGE**, un tremplin pour relancer notre regard sur des problèmes majeurs investigués par l'ATSA : partage des richesses, surconsommation, sauvegarde des patrimoines, hyper-dépendance aux énergies fossiles, violence envers les enfants, mondialisation... **CHANGE**, l'ensemble des réalisations de l'ATSA rassemblé dans un même lieu, nous permettant de découvrir ou de redécouvrir la production de ce collectif engagé. **CHANGE**, un paradoxe, une critique de l'omniprésence de la mise en marché, mais aussi l'utilisation de l'espace commercial comme mécanisme de rencontre et de discussion pour continuer de promouvoir une citoyenneté responsable.

This retrospective of ATSA's creative production is part of a wider marketing initiative. In effect, over the course of a 10-week period, ATSA immerses itself into the world of marketing, offering itself up as a guinea pig by opening a temporary bricks-and-mortar retail space dubbed **CHANGE**, a meeting place for the pecuniary and the artistic, where ATSA draws on its archival material, sound recordings, videos and artifacts as the basis for creating derived products and works for sale geared both to the art market and the general public. **CHANGE**, a platform for revisiting major issues investigated by ATSA: wealth distribution, hyperconsumerism, heritage protection, addiction to fossil fuel, violence against children, globalization, and others. **CHANGE**, the whole of ATSA's output under one roof, affording an opportunity to discover or rediscover the work of this engaged collective. **CHANGE**, a paradox: a critique of the ubiquity of marketing, but also a commercial space for encounter and discussion in order to further the development of a responsible citizenry.

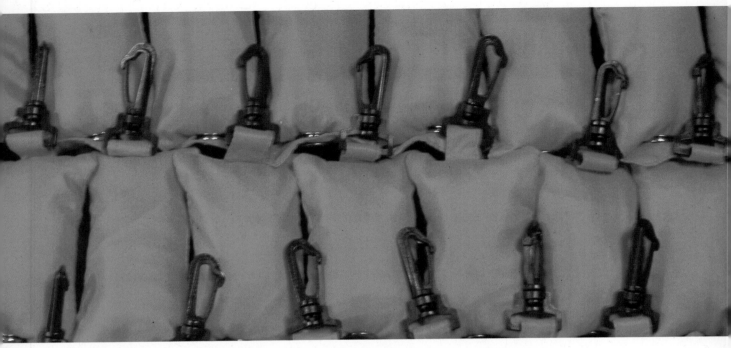

LE MARKETING DU CRI

« TERRORISTE ». LE MOT EXPLOSE COMME UNE TOUR DU WORLD TRADE CENTER : MÉCHANT, SANGLANT,

PATRICK BEAUDUIN Né au Congo, ayant vécu en Belgique puis au Niger, Patrick Beauduin a immigré au Canada il y a quatorze ans en apportant avec lui sa passion pour la création publicitaire. En Europe, après une maîtrise et une agrégation en journalisme, il a fait ses classes publicitaires dans les réseaux NCK, TBWA et Euro RSCG avant de fonder sa propre agence à Bruxelles en 1989 : Kadratura. Chez Cossette Communications depuis onze ans, il occupe, depuis avril 2005, le nouveau poste de vice-président à la création convergente. Chroniqueur occasionnel à la radio et à la télé, il est chargé de cours et fondateur du programme du DESS en communication-marketing aux HÉC. Il est actuellement vice-président de la création convergente chez Cossette Communications. Born in the Congo, Patrick Beauduin has lived in Belgium and Nigeria; he immigrated to Canada fourteen years ago with his passion for advertising. While in Europe, after his master degree and *agrégation* in journalism, he learned about advertising in the NCK, TBWA and Euro RSCG networks before founding his own agency in Brussels in 1989, Kadratura. He has been working for Cossette Communications since eleven years; he occupies the new position of "vice-président à la création convergente" since April 2005. A casual columnist for radio and television, he is a lecturer and the founder of the DESS program in communications and marketing at HÉC. .

MORTEL.

Action terroriste socialement acceptable, cette action n'a rien d'acceptable dans son mot et pourtant elle a tout ce qu'il faut de pertinence dans un monde où plus rien n'étonne, plus rien ne détonne, dans un monde où les médias ont – comme un poison distillé avec parcimonie – banalisé l'horreur, marchandisé l'injustice, gadgétisé l'insoutenable.

L'ATSA est l'image en action, le « propos colère » contre les propos somnifères : leurs interventions sont grenades dégoupillées jetées ici pour faire débat. Et si on a, jadis, vu l'art comme manifeste de devenir, l'ATSA est un groupuscule qui s'inscrit parfaitement dans ce que le XXe siècle nous a donné de merveilleux empêcheurs de tourner en rond.

Que l'on se souvienne de Duchamp autour de 1910 et de son urinoir suspendu dans un musée, histoire de dire qu'œuvre d'art rime avec sacralisation mercantile. Ou, plus près de nous, revoyons Warhol et ses boîtes de Brillo, Jean-Luc Godard et ses films slogans ou, récemment, Wim Delvoye et sa machine à pondre de la merde – vendue une fortune en sachet sous vide –, autant de démarches où l'artiste crée toujours plus de réalité, plus de conscience, plus de mobilisation.

Ce qui fait fort chez nos compères de l'ATSA, c'est leur culture fondamentalement marketing de la provocation, de la création de sens. Ils ont tout intégré : la recherche auprès des consommateurs, l'approche créative, la stratégie média et surtout, comble des techniques contemporaines de la publicité d'aujourd'hui, le buzz.

Le buzz part de ce bouche-à-oreille dont l'émetteur est pour ainsi dire anonyme sinon caché : ici l'ATSA fonctionne comme un logo, une marque qui lance des concepts, les transforme à l'occasion en produits et ne craint pas la mise en marché en créant les objets dérivés de son explosion conceptuelle. Que ce soit le porte-clés 4x4 amoché (qui rappelle aux proprios de Hummer et autres engins énergivores qu'ils sont condamnés à disparaître), les t-shirts et autres « bébelles » bientôt mises en vente lors de leur dixième anniversaire dans leur boutique « CHANGE », ils ont tout compris.

Marketing de la révolte, agence de la conscience, publicitaires de l'indignation, l'ATSA élimine les filtres pour nous faire voir le réel dans toute sa splendide horreur. Mais là où le regard se détournerait, ils trouvent le moyen – encore délicieuse recette publicitaire – de nous le montrer avec humour, énormité, mais surtout intelligence, histoire de nous le faire accepter, voir. L'image projetée est là pour faire mouche, pour nous toucher, nous prendre par la main et semer le doute, ce doute qui amènera le propos, avec un peu de chance, à devenir acte, acte terroriste socialement acceptable.

Et c'est sans doute ce qui fait la force de la démarche d'Annie Roy et de Pierre Allard, nos joyeux terroristes avec pignon sur rue : ils créent du sens dans un monde qui a tendance à l'éviter, à le gommer, à le détruire.

Si Annie et Pierre se mettaient en avant plutôt que l'ATSA, leurs actions terroristes ne seraient que provocations artistiques, leur logo protecteur ne fonctionnerait plus ici comme un tremplin alibi, une plateforme légitimiste, une assise de crédibilité. Décidément, ils ont tout compris à la pub : un coup d'œil sur leurs slogans, leurs pirouettes de mots, est éloquent : « La Banque à Bas » devient « À bas la banque » pour récolter des bas, de ces chaussettes qui réchauffent les victimes... des banques sans cœur.

Leurs explosions fonctionnent sur ces mécanismes verbaux particulièrement bien imagés : les *Constats d'infraction citoyenne* collés sur les pare-brises des VUS, les rubans *Attention : zone épineuse* sur le mont Royal pour rappeler la vocation naturelle du site, la série *Attentat* avec le 4x4 calciné abandonné au centre ville... Tout est là, clair, sans artifices.

La série *État d'Urgence* venant consacrer leur démarche de son enveloppe permanente et mobilisante.

Mot fait image, image faite mot. Dans les deux cas, on est victime de cette attaque de sens avec tout ce que cela implique de dérangeant, de crise de questionnements, d'envie de crier.

L'ATSA est aujourd'hui synonyme de relais de gestes d'intelligence, d'arrêts sur images flouées, de lancements d'attitudes, de « messages cris » soigneusement orchestrés pour nous donner le goût d'un monde plus juste, plus pacifique.

À travers une esthétique performante, pas forcément flatteuse – nos « gosseux » reconnaissent avec sourire ne pas être là pour faire du joli –, soutenue par une expression toute concentrée à réveiller nos cerveaux anesthésiés, l'ATSA crée du mouvement et sait déjà que le Monde ne changera pas d'un coup, mais plutôt par petites touches, attentat par attentat, petite victime par petite victime, une à une. Moi, puis vous. Vous puis un autre...

Alors l'ATSA, est-ce encore de l'art ?

Mais ce n'est que de l'art ! Tout un art.

De cet art qui a fait notre monde depuis la nuit des temps, de cet art qui observe, triture, fait réfléchir et... laisse une trace.

Pas forcément beau, pas forcément acceptable, pas forcément compréhensible tout de suite non plus d'ailleurs...

Comme un lendemain de 11 septembre.

Qui n'en finit pas.

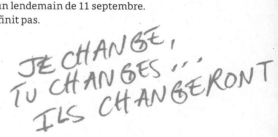

MARKETING RAGE "Terrorist." The word has a ring to it, like the detonation of a World Trade Center tower: evil, bloody and mortal. "Socially acceptable terrorist action"—acronym ATSA—describes an action not in the least acceptable, and yet, absolutely relevant in a world where nothing fazes us, where nothing sets off change, a world where the media have managed to banalize horror, justify injustices and make the unconscionable palatable.

ATSA is image in action: angry discourse as antidote to soporific pap. Their interventions are as so many grenades lobbed at us to spark debate. If art was once seen as an expression of becoming, of movement towards, then ATSA is a faction following in the purest tradition of the 20th century's best troublemakers.

Let us recall Marcel Duchamp's *Fountain* (1917), a porcelain urinal he submitted to an art show, intended to signify that art and the sacralization of the almighty dollar go hand in hand. Closer to our time, we have Warhol and his Brillo boxes, Jean-Luc Godard and his catchphrase-laden films, and more recently, Wim Delvoye and his shit machine, turning out shit after shit (and selling for a pretty penny in a vacuum-sealed bag). All prime examples of artists generating ever more reality, awareness, mobilization, action.

An impressive strength of our *compadres* at ATSA is their fundamentally marketing-driven approach to provocation and to the creation of meaning. Our clever friends have thought of everything: consumer research, creative strategy, media strategy and, above all, that hallmark and mainstay of contemporary advertising, the buzz.

Buzz is a word-of-mouth phenomenon whose instigator is, for all practical purposes, anonymous, if not hidden. In this respect, ATSA operates as a brand, throwing out ideas, occasionally transforming them into products, never fearing to cross over into the marketing realm by creating derived goods inspired by those ideas. Whether it be the crushed-4x4 keychains (reminding the owners of Hummers and other oil-hungry mastodons of their unavoidable demise), T-shirts and other "trinkets" soon to be sold in their CHANGE boutique to mark their 10th anniversary, you know they know how to work it.

Marketers of revolt, peddlers of conscience, advertisers of indignation, ATSA eliminates the middle man to bring us reality in all its splendid horror. And where the squeamish would recoil, they find a way—supreme marketers that they are—to present reality with a hint of humour, an oodle of outrageousness, and above all, more than an inkling of intelligence, as a way of having us see it and accept it, a way of making the medicine go down. The images presented to us are there to press our buttons, to sow the seed of doubt in our minds—doubt then turning to debate and, with a little luck, action... socially acceptable terrorist action, naturally.

Therein lies the indisputable strength of the approach taken by Annie Roy and Pierre Allard, those happy-go-lucky terrorists-next-door: they create meaning in a world trying to avoid it, to obfuscate it, to destroy it.

If Annie and Pierre were bent on turning the spotlight onto themselves rather than on ATSA, their terrorist actions would be mere artistic provocations; the protective spell of their brand would cease to serve as a launching pad, a legitimate platform, a foundation of credibility. Again, one need simply cast a glance at their slogans and the eloquent wordplay thereof to see more that they have indeed mastered the "art" of advertising: *La Banque à Bas* connotes "À bas la banque" (down with banks), "bas" also being those socks which warm the feet... of victims of greedy banks... and a reference to the place (that, and a mattress) where people, in earlier times, stashed their hard-earned money.

The names of their interventions riff off familiar expressions to conjure up images: *Constats d'infraction citoyenne* (Statements of citizen offence) pinned to the windshields of SUVs, the *Attention : Zone épineuse* (Caution: Prickly zone) ribbons on Mount Royal to remind us of the site's natural vocation, the *Attack* series and its charred 4x4 abandoned downtown... It's all right there, plain as day, "artless."

As a recurring drive to mobilize the public, the *État d'urgence* series is their crowning achievement.

Words inspire images, and images words. Either way, we succumb to an onslaught of meaning, with all the unpleasantness, soul-searching and rage which that entails.

ATSA has become a launchpad for intelligent actions, attitudes and cries for concern, carefully crafted to make us hunger for a more just, more peaceful world.

With an aesthetic that is practical first, and not always flattering—our tireless tinkerers gamely acknowledge that they are not there to "do pretty"—and an approach singularly focused on jolting our dormant gray matter, ATSA stirs up action. They know the world won't be transformed of a sudden, but by increments, one attack at a time, one victim at a time. Me, then you. You, then someone else...

Is ATSA still to be considered art?

Why, it's nothing but art! And powerful art at that.

Art such as has built our world since the dawn of time.

Art that observes, gets under your skin, makes you think.

Art that makes a difference.

Not necessarily beautiful or reasonable, or accessible for that matter.

Sort of like the day after 9/11.

But every day.

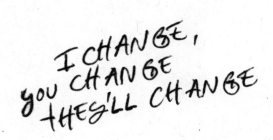

PARC INDUSTRIEL INDUSTRIAL PARK

DU 17 AOÛT AU 4 SEPTEMBRE 2001 AUGUST 17 TO SEPTEMBER 4, 2001

L'ATSA s'installe au coin des rues Sherbrooke et Clark, en plein dédale patrimonial de la maison Notman, avec

ATSA sets up shop at the corner of Sherbrooke and Clark streets, a stone's throw from the patrimonial jewel that

Parc Industriel : quand l'homme se reproduisait encore par lui-même. Prenant la forme d'un faux site

is the Notman House, and offers **Parc Industriel : quand l'homme se reproduisait encore par lui-même**

touristique archéologique fait de rebus, ce parc nous transpose en 3541 ap. J.-C. et nous mène à découvrir une

(Industrial Park: when man still reproduced on his own). Resembling a mock archaeological tourist attraction

civilisation déchue s'avérant être la nôtre. Un voyage dans le temps s'ouvre donc à nous depuis la rue Sherbrooke,

made of waste, the park shoots us forward to the year 3541 A.D. to discover a fallen civilization that turns out to be

en passant par la Grande Arche de trente-cinq tonnes de métal et de papier recyclés compressés. Les différents

ours. The Sherbooke St. installation, and more particularly its Great Arch made of 35 tonnes of compressed recy-

îlots d'intervention, onze en tout, sont accompagnés d'un texte de type muséologique, qui relate le mode de vie

cled scrap metal and paper, acts as a gateway to time travel. Eleven intervention islands are each accompanied

de ce peuple irresponsable, et qui nous positionne de manière claire et incisive contre l'hypocrisie et le manque

by a museum-like text explaining the lifestyle of that irresponsible race of inhabitants, eloquently and incisively

de vision à long terme de notre société de surconsommation. Les artistes redonnent au site d'une ancienne église

demonstrating the hypocrisy and myopia of our hyperconsumerist society. The artists not only give back to the

orthodoxe grecque non seulement sa vocation contemplative et réflexive mais aussi, ce qui est cher à l'ATSA,

site of a former Greek Orthodox church its contemplative and reflective vocation, but also—and this is quite

ils créent une mise en scène où les citoyens assument leur force politique en faisant de leur prise de possession

dear to ATSA—create a setting where citizens can discover their political clout and take a position through their

une prise de position. Le site est animé par des conférences données par des spécialistes – abordant, entre

taking possession. The site hosts presentations by experts who tackle a range of topics, including GMOs, green

autres, les OGM, le transport vert et l'état de l'eau potable – et par plusieurs prestations d'artistes engagés.

transportation and the state of potable water, as well as numerous appearances by engaged artists.

ALERTE À LA FIÈVRE ACHETEUSE

ENLIGNÉES AU FAÎTE D'UN ÉDIFICE DE TROIS ÉTAGES, DES POUSSETTES D'ENFANTS SEMBLENT SE DIRIGER TOUT DROIT VERS L'AU-DELÀ. À MOINS QU'ELLES NE CHUTENT, COMME TOUS CES

LAURE WARIDEL Sociologue spécialisée en développement international et en environnement, Laure Waridel est considérée comme l'une des pionnières du commerce équitable et de la consommation responsable au Québec. Elle a cofondé Équiterre, une organisation vouée à la promotion de choix écologiques et socialement équitables. Auteure et chroniqueuse, elle a publié plusieurs essais dont « Acheter c'est voter » en 2005 et « L'envers de l'assiette » (1998, 2003). Laure Waridel a plusieurs fois été qualifiée de nouvelle leader par les grands médias dont le magazine *Maclean's* qui l'a présentée comme faisant partie des « 25 jeunes Canadiens qui sont en train de changer le monde ». A sociologist specializing in international development and environment, Laure Waridel is regarded as one of the pioneers of fair trade and responsible consumerism in Quebec. She is the cofounder of Équiterre, an organization devoted to the promotion of ecological and socially fair choices. An author and columnist, she has published several essays, including *Acheter c'est voter* in 2005 and *L'envers de l'assiette* (1998, 2003). On several occasions, Laure Waridel has been called a new leader by proeminent medias including *Maclean's* magazine, which introduced her as one of the "25 young Canadians who are presently changing the world".

APPAREILS

électroniques jetés à bout de bras dans un conteneur à ciel ouvert. Tout près, l'Arc de triomphe de l'hyper-consommation expose les résidus compactés de cette société matérialiste. Sommes-nous dans un dépotoir, un site archéologique ou un jardin? Stop. Il semble se passer quelque chose de grave.

Nous sommes en 3541. L'ATSA a planté son décor sur un terrain vague à l'angle des rues Sherbrooke et Clark, au centre-ville de Montréal. Nous sommes stratégiquement situés sur l'ancien site d'une église orthodoxe grecque, démolie avant l'arrivée de l'ATSA. Les créateurs de cette mise en scène intitulée *Parc industriel* (2001), Annie Roy et Pierre Allard, expliquent : « Il s'agit d'un voyage dans le futur faisant renaître le présent comme s'il faisait partie du passé. Cette ellipse temporelle donne une perspective de fait accompli. Elle permet un regard neutre et humoristique favorisant la réflexion et le recul nécessaires à l'autocritique. »

Apprendre du passé pour transformer le futur

Ce musée futuriste nous rappelle que toutes les sociétés sont menacées d'effondrement. Doit-on se le rappeler?

C'est d'ailleurs ce que soutient le géographe et historien Jared Diamond, professeur à l'Université de Californie et auteur d'*Effondrement. Comment les sociétés décident de leur disparition ou de leur survie*[1]. Au-delà des invasions ennemies et des rapports de coopération ou de compétition souvent invoqués par les historiens pour expliquer les chutes ou l'expansion de civilisations, Jared Diamond va plus loin. Il démontre comment les dommages environnementaux liés aux comportements humains, les changements climatiques locaux, l'adaptabilité des institutions politiques, économiques, sociales et culturelles, ont permis à des sociétés de survivre ou les ont anéanties. Il nous apprend

TO BUY OR NOT TO BUY On the roof of a three-storey building, baby strollers one behind the other appear poised for flight. Unless, that is, they instead fall into the gaping hole below, like all the electronic gadgets thrown by the armload into the open container beside the edifice. Nearby, a triumphal arch erected in honour of rampant consumerism exhibits the compacted waste of this materialistic society. Are we in a dump, an archaeological site or a garden? We need to stop and reassess. Something smells fishy. Something deadly serious.

The year is 3541. ATSA has set up shop on a vacant lot at the corner of Sherbrooke and Clark, in downtown Montreal. A Greek Orthodox church once stood here, interestingly enough, and was demolished prior to ATSA's arrival on the premises. The creators of this production titled *Parc Industriel* (2001), Annie Roy and Pierre Allard, explain: "It's a journey into the future, where the present is cast as though it were the past—a temporal device providing the observer with the semblance of an accomplished fact, thus establishing a neutral, irreverent viewpoint conducive to the reflection and hindsight necessary for effective self-critique."

Learning from the past in order to change the future

This futuristic museum reminds us that all societies are threatened with collapse. Do we really need to be reminded?

This is the view of geographer and historian Jared Diamond, professor at the University of California and author of *Collapse: How Societies Choose to Fail or Succeed*.[1] Beyond the hostile military invasions and the dynamics of cooperation or competition often adduced by historians to explain the rise and fall of civilizations, Jared Diamond explains how the environmental havoc wreaked by man, local climate change, and the capacity of political, economic, social and cultural institutions to adapt to change have resulted in the survival or extinction of entire societies. He points out that the raw resources of a given territory most often decimated over the ages have been forests, fish

que les ressources essentielles les plus souvent détruites ont été les forêts, les stocks de poissons, les réserves d'eau, les sols et la biodiversité sur des territoires donnés. Quant aux changements climatiques, il fait référence à des sécheresses, à des inondations, à des réchauffements ou à des refroidissements qui ont affecté des régions spécifiques. Cela vous rappelle quelque chose à une plus grande échelle ?

Pas une semaine ne se passe sans que l'on entende parler d'un nouveau rapport scientifique, d'une étude, d'un livre, d'un documentaire ou d'une exposition faisant état des effets dévastateurs des comportements humains sur la planète. On entend même un signal d'alarme retentir des milieux traditionnellement conservateurs. Ainsi, devinez qui est l'auteur de cette citation :

« L'activité humaine met une pression si forte sur les fonctions naturelles de la Terre que nous ne pouvons plus prendre pour acquis la capacité des écosystèmes de la planète à soutenir les générations futures. [...] Les activités humaines ont mené la planète vers un point limite au-delà duquel on peut s'attendre à une vague massive d'extinction des espèces, renforçant encore la menace sur notre propre bien-être. [...] La pression sur les écosystèmes va augmenter de manière globale dans les décennies à venir si les attitudes et les actions humaines ne changent pas. »

Non, il ne s'agit pas de propos tenus par le représentant d'une organisation environnementale. Cet extrait est signé par Robert Watson, conseillé scientifique en chef de la Banque Mondiale, une institution clairement néo-libérale. Il présidait alors l'*Évaluation des écosystèmes pour le millénaire* menée par 1 360 experts provenant de partout à travers le monde et qui ont fait le point sur l'état de santé de la planète. Ils sont unanimes : la planète est gravement malade.

Plus récemment, un autre groupe d'experts scientifiques mandatés par l'ONU, le GEO-4, sonnait le même « appel urgent à l'action », allant jusqu'à considérer « l'humanité en danger ». Selon eux, « [d]es transformations fondamentales dans les structures sociales et économiques, y compris une modification des modes de vie, sont également essentielles pour obtenir un progrès rapide ».

Le message est donc clair : nous devons changer nos comportements individuels et collectifs, soigner au plus vite cette fièvre acheteuse qui nous auto-consomme. Le temps semble être venu de s'unir pour éviter « l'effondrement » qu'ont connu d'autres sociétés et dont parle Jared Diamond. Modifierons-nous nos institutions politiques, économiques et sociales afin d'éviter le pire ? Se planter la tête dans le sable comme le font Stephen Harper et George W. Bush équivaut à choisir l'effondrement. Notre culture de surconsommation est au cœur du problème.

Comprendre notre maladie

Nos sociétés mondialisées carburent à la croissance économique. Partout dans le monde, le calcul du produit intérieur brut (PIB) est utilisé comme principal indicateur de « richesse » et de « progrès » d'une nation. Pour faire croître l'économie, il faut : consommer, consommer, consommer. Rappelez-vous le message de George Bush après le 11-Septembre : « Go shopping ! ».

Le hic est que le PIB, pas plus que les rapports annuels des grandes entreprises, ne tient pas compte des coûts environnementaux et sociaux générés par l'activité économique. Sont considérées, entre autres, comme des externalités : la perte de

populations, water reserves, soils and biodiversity. As for climate change, he points to the droughts, floods, warming and cooling that have affected specific regions. This is not without reminding us of similar conditions operative on a much grander scale.

Nary a week passes without news of a new scientific finding, of this study or that book, of this documentary or that exhibit, that warns of the devastating repercussions of man's activities on Earth. Such an alarm is sounding even from conservative quarters. In fact, try to guess the author of the following words:

Human activity is putting such a strain on the natural processes of Earth that we can no longer take for granted the capacity of its ecosystems to sustain future generations. ... Human activity has brought the planet to a critical juncture beyond which we may expect extinction of species on a massive scale, further exacerbating the threat to our well-being and very survival. ... This strain on ecosystems will increase on a global scale in decades to come, unless the human race modifies its attitudes and behaviours.

No, these are not the words of an environmental group lobbyist. The above citation is excerpted from a statement signed by Robert Watson, Senior Scientific Advisor for the World Bank, a patently neoliberal institute. At the time, he was chairman of the Millenium Ecosystem Assessment, a multi-agency initiative involving 1,360 experts worldwide whose aim is to provide an appraisal of the state of our planet. These experts are unanimous: Earth is seriously sick.

More recently, a team of scientific experts mandated by the UN within the framework of its Global Environment Outlook project issued a report, the GEO-4, in which they made the same "urgent call to action," going so far as to say it considered "humanity to be imperilled." In their judgment, "fundamental transformations in social and economic structures, including lifestyle changes, are also crucial in achieving rapid progress."

The message could not be clearer, then: we must change our individual and collective behaviours, and curb at once this mad urge to buy that is, pardon the pun, all-consuming. The time is nigh for us to unite in order to ward off the collapse that was the fate of other societies and of which speaks Jared Diamond. Are we willing to change our political, economic and social institutions to avoid this bleakest of outcomes? One thing is certain: to hide our heads in the sand, as continue to do Stephen Harper and George W. Bush, will seal our demise. The main culprit in this drama is our culture of consumerism.

Understanding our sickness

The more globalized nations of the world are driven by the engine of economic growth. Throughout the world, wealth and progress are defined as functions of a country's gross domestic product, or GDP. To make the GDP grow requires us to consume, consume, consume! That skilled reader of the zeitgeist, George W. Bush, said it best on September 11, 2001: "Go shopping!"

The rub lies in the fact that the environmental and social costs of economic activity are not factored into the calculation of the GNP, just as they are not reflected in the annual shareholders' reports of large companies. These exogenous factors which do not find their way into the official accounting are: the loss of biodiversity; climate change; chemical and genetic contamination; the isolation of the individual and his growing sense of

biodiversité ; les changements climatiques ; la contamination chimique et génétique, l'isolement des individus et leur sentiment d'impuissance, l'accroissement des inégalités économiques et sociales entre pays riches et pays pauvres ainsi qu'au sein même des nations ; la montée des intégrismes et de l'insécurité ; la perte de diversité culturelle. Nous vivons dans une économie déconnectée des écosystèmes et des citoyens considérés comme de simples consommateurs.

Malgré toutes les connaissances dont nous disposons, la machine continue à produire toujours plus au plus bas prix possible, quels qu'en soient les autres coûts. Rentabilité et productivité obligent. Pour ce faire, il faut se procurer des ressources et de l'énergie au plus bas prix possible et aussi payer les travailleurs et travailleuses le moins cher possible. La publicité tente de nous convaincre que nous sommes ce que nous achetons. Il faut donc aussi créer des biens qui ont la vie courte afin que les consommateurs continuent à acheter, acheter, acheter, jeter, jeter, jeter. Vous vous demandiez pourquoi on vous suggère de remplacer votre grille-pain, votre téléviseur ou votre radio quand vous souhaitez les faire réparer ? On prend bien soin de vous faire entendre qu'acheter du neuf vous reviendra moins cher que de réparer. C'est bien parce que tous les coûts sociaux et environnementaux ne sont pas comptabilisés qu'il vous en coûtera moins cher de jeter et de racheter.

On ne réalise pas que cette course à la richesse économique contribue à notre appauvrissement collectif.

Interdépendance

Une chose est certaine : ce n'est pas en nous laissant abattre par l'ampleur des défis à relever que nous parviendrons à transformer ce système. Notre pire ennemi est le cynisme.

Rappelons-nous que ce système a été érigé par des humains et que ce sont aussi des humains qui peuvent le changer. L'État, c'est nous. Il est grand temps de nous réapproprier le pouvoir partout où il se trouve, tant dans nos petits gestes quotidiens, en réduisant notre consommation, qu'en modifiant certains de nos choix que sur le plan politique. Pour que la politique change, il faut que nous soyons prêts à la faire changer. Rappelons-nous qu'au sein du gouvernement, comme des entreprises, des humains sont à la barre. Les changements doivent venir du bas comme du haut : des citoyens dans leur quotidien, aussi bien que des décideurs politiques et économiques.

Il est urgent de passer à l'action. Maintenant.

1. Jared Diamond, *Effondrement. Comment les sociétés décident de leur disparition ou de leur survie*, coll. Nrf Essais, Paris, Gallimard, 2006.

powerlessness; the widening chasm in economic prosperity and social status between the rich and poor, whether between industrialized and developing nations or within one same country; the rise of fundamentalist extremism and insecurity; and the loss of cultural diversity. We live in an economy that is not in tune with the planet's ecosystems and wherein the citizen is regarded above all as a consumer.

In spite of all our accumulated knowledge, this omnivorous machine we call the economy continues to churn out more and more product, at the lowest possible price, regardless of what the other costs may be. Profitability and productivity are the modern mantra. Achieving them means sourcing raw materials and energy at the lowest possible price, and paying workers the lowest possible wages too. Advertising tries to sell us the notion that we are what we consume. Hence, with our search for identity fuelling our insatiable need for product, it becomes necessary to produce short-lived goods to keep consumers continuously buying and buying some more. Have you ever asked yourself why you are advised to replace a defective toaster, television or oven when all you want is to have it repaired? Have you ever been told that it would be cheaper to buy a new item than to have the old one repaired? It well may be cheaper, but only because all the social and environmental costs of doing so have not been taken into account.

What we do not realize is that this headlong pursuit of economic wealth contributes to our collective impoverishment.

Interdependence

One thing is sure: letting the sheer scale of the challenges that lie ahead of us frighten us into a state of immobility will not transform the current system. Our worst enemy is cynicism.

It bears remembering that the system was, after all, built by humans and that humans have the power to change it. The State, the nation, is *us*—each and every one of us. It is high time we seized back the power to effect change and wielded it, both in our daily lives by consuming less and in our political choices. Changing the politics and the policies requires our steadfast commitment to making them change. Let us not forget that governments, like corporations, are run by people. Change must come not just from the top down, but be bottom-up as well, springing from citizens engaged in shaping their own destiny just as much as from politicians and economic players.

We urgently need to act. Right now.

1. Jared Diamond, *Collapse: How Societies Choose to Fail or Succeed.* (New York: Viking Press, 2005).

Une grenouille dans une eau dont la température augmente lentement, aura... Chérie, les grenouilles sont cuites !

La Main - Lieu historique - 1996

FRAG DEPUIS 2004 SINCE 2004

FRAG sur la Main s'articule en un parcours visuel permanent sur le boulevard Saint-Laurent, disponible

FRAG on The Main is a permanent visual journey along Saint-Laurent Boulevard; a suite of graphic installations

en continu sous forme de compositions graphiques apposées à même les murs et témoignant des différents

dotting the artery's façades, bearing powerful testimony to the manifold currents and impulses which have marked

courants qui ont marqué l'histoire urbaine, sociale, culturelle et économique de ce boulevard. Mis en place en

its urban, social, cultural and economic history. Produced in collaboration with the Société de développement

collaboration avec la Société de développement du boulevard Saint-Laurent et s'étendant des rues Saint-An-

du boulevard Saint-Laurent, the itinerary comprises 32 FRAG stations, stretching from Saint-Antoine to Mozart

toine à Mozart, le circuit comporte trente-deux FRAG à visiter sans ordre préétabli. Des textes des historiens

streets, that can be visited in any order. As well, FRAG incorporates informative texts—also downloadable at

Pierre anctil, Catherine Browne, Susan D. Bronson et Bernard Vallée y sont intégrés et sont aussi téléchargea-

www.atsa.qc.ca—by historians Pierre Anctil, Catherine Browne, Susan D. Bronson and Bernard Vallée. FRAG, for

bles à www.atsa.qc.ca. FRAG, pour fragment, symbolise les fragments d'histoire que nous voulons évoquer

fragments—of history, of life, of culture. Each FRAG station constitutes a singular work, conceived in conjunction

aussi bien que les fragments de murs investis. Chaque pièce unique, pensée en fonction de son emplacement

with the space it occupies along the boulevard, bridging the divide between the Montreal of yesteryear and the

dans la rue, entame un dialogue entre le Montréal d'hier et celui d'aujourd'hui. Un circuit éducatif s'adressant

modern metropolis. An educational circuit intended for neighbourhood schools is also available.

aux écoles du quartier est aussi disponible.

PATRIMOINE BATI
ET MÉMOIRE DE LA VILLE –
L'ACTE CULTUREL
DE LEUR RÉVÉLATION

le FRAG 4131 a changé la vie de Mme Fisher. Les gens s'arrête devant son FRAG et elle sort leur parler de sa vie directement !

DINU BUMBARU Diplômé en architecture de l'Université de Montréal et en conservation du patrimoine de la University of York (R.-U.), Dinu Bumbaru travaille depuis 1982 à Héritage Montréal, un organisme associatif qui promeut la protection et le bon usage du patrimoine historique, architectural, naturel et culturel de la région métropolitaine. Dans ce contexte, il a fait des recherches, réalisé des outils de diffusion, donné des cours et des conférences, mené des concertations et des campagnes stratégiques et offert des activités populaires ou professionnelles dans le domaine. À titre bénévole, il participe également à des organismes montréalaise, nationaux et internationaux ; par exemple, les Amis de la montagne, le groupe de rédaction de la Déclaration québécoise du patrimoine, la Fédération des sociétés d'histoire du Québec et le Conseil international des monuments et des sites (ICOMOS), un organe conseil de l'UNESCO dont il est actuellement le Secrétaire Général. Holding a degree in architecture from Université de Montréal and in heritage preservation from University of York (UK), Dinu Bumbaru works since 1982 for Héritage Montréal, a community organization promoting the protection and proper use of historical, natural and cultural heritage in the metropolitan region. In this context, he has conducted research, produced dissemination tools, taught and lectured, led consultations and strategic campaigns, and offered popular or professional activities in the field. As a volunteer, he also participates in Montreal-based, as well as national and international organizations such as Les Amis de la montagne ; the group responsible for the wording of the Déclaration québécoise du patrimoine ; the Fédération des sociétés d'histoire du Québec, as well as the International Council on Monuments and Sites (ICOMOS), an advisory organ of UNESCO, for which he presently acts as Secretary-General.

*« Notre patrimoine est un **fondement de notre culture et de notre identité.** Il nous informe, inspire nos choix et nos créations. Il forme un environnement culturel, complexe et diversifié, qui donne un sens aux lieux que nous habitons et que nous parcourons. »*
Déclaration québécoise du patrimoine (15 avril 2000)

La Déclaration québécoise du patrimoine est le fruit du travail conjugué de personnes engagées auprès du patrimoine bâti, des sociétés d'histoire et de généalogie, des musées, des archives, du patrimoine d'expression ou de l'aménagement. Elle établit le patrimoine comme étant l'ensemble des porteurs de mémoire, de culture et d'histoire d'une société, depuis les traces archéologiques jusqu'aux mots et aux gestes, des bâtiments aux paysages et à leur toponymie. Les sociétés contemporaines, en particulier dans les métropoles cosmopolites comme Montréal, examinent présentement le rôle de la mémoire dans l'identité et dans la capacité d'affronter les mutations actuelles et futures. Rédigée en bonne partie au Centre d'histoire de Montréal, proclamée à Québec en 2000 devant la représentante de l'UNESCO puis reconnue comme base de la Politique du patrimoine de la Ville de Montréal par le Sommet de 2002, la Déclaration traite de ce rapport dans une perspective plurielle de conservation et de transmission aussi bien que d'enrichissement par la création.

Avant tout, le patrimoine existe même sans être connu. Les projets *Les murs du feu* (2002) et *FRAG* sur la Main (boulevard Saint-Laurent) (2005) de l'ATSA explorent cette question en posant, comme le font d'une autre façon les nombreux organismes en patrimoine dont Héritage Montréal, un acte de révélation de la mémoire du lieu. Il est d'ailleurs intéressant de noter à quel point les imaginaires créatifs des organismes en patrimoine et de certains artistes se rejoignent malgré une certaine indifférence mutuelle ou malgré la concurrence qu'imposent les programmes des subventionnaires publics.

Ainsi, les boîtes d'alarme mémorielles des *Murs du feu* ne sont pas sans rappeler les travaux menés dans l'atelier d'architecture urbaine de Melvin Charney à l'Université de Montréal vingt ans plus tôt ou ceux de Kathleen West sur la ville, le feu et le sens des lieux. Les panneaux (et les cartes postales) de *FRAG*, dont le montage hétéroclite fait écho à la nature de ce lieu d'où l'histoire exulte, rappellent les vitrines bric-à-brac de commerces aujourd'hui disparus au profit d'un nouvel ordre commercial plutôt aseptisé : l'ancien marché Warshaw, angle Saint-Laurent et Saint-Cuthbert, où les patères jouxtaient les pamplemousses, a été remplacé par une bannière de pharmacie bien ordonnée. Collages et juxtapositions, sortes d'hybrides de murs bardés d'affiches engluées et d'albums souvenirs insolites chargés d'images, de coupures de journaux ou d'extraits de textes, les capteurs/marqueurs de *FRAG* s'inscrivent dans le mouvement des circuits de panneaux d'interprétation que réalisent des institutions comme Parcs Canada et des organismes comme Héritage Montréal et les sociétés d'histoire un peu partout au Québec.

Ce travail de révélation de la mémoire n'est pas l'invention de notre société créative actuelle. Déjà, au XIXe siècle, les Montréalais ont cherché à poser des bornes mémorielles, lisibles dans le paysage réel de la ville. Par souscription, ils ont érigé des monuments commémoratifs comme la colonne Nelson ou la statue

BUILT HERITAGE AND MEMORY OF THE CITY, AND THEIR REVELATION AS CULTURAL ACT

*Our heritage is **the cornerstone of our culture and of our identity.** It serves to inform, and to inspire us, the choices we make, and the things we create. It shapes a cultural framework that is complex and diversified, one that gives meaning to the places we inhabit and frequent.*
Déclaration québécoise sur le patrimoine (April 15, 2000)

The *Déclaration québécoise sur le patrimoine* (Quebec declaration on heritage) is the result of the collaborative efforts of professionals representing built heritage interests, historical and genealogical societies, museums, archives, expressive heritage and urban planning. It understands heritage to be the set of all bearers of memory, culture and history of a society, from archaeological vestiges to the spoken language and bodily gestures, from buildings to landscapes and their toponymy. Contemporary societies, particularly in cosmopolitan metropolises such as Montreal, have presently turned their attention toward the role played by memory in forging identity and influencing our ability to face current and future change. Drafted in large part by the Centre d'histoire de Montréal, proclaimed in Québec City in 2000 in the presence of a UNESCO representative, and acknowledged during the 2002 Montréal Summit as the basis for the Ville de Montréal's heritage policy, the *Declaration* perceives this role through a pluralistic lens of not just conservation and transmission, but also of enrichment through creation.

Regardless of our awareness or acknowledgment of its primacy, heritage is present at every turn. ATSA's projects *Les Murs du Feu* (2002) and *FRAG* on The Main (Saint-Laurent Blvd., 2005) explore this very issue—as do by other means various heritage bodies such as Héritage Montréal—through an act of revelation of the memory of places. It is indeed fascinating to observe the extent to which the fertile imaginations of heritage bodies and of certain artists converge on this subject, despite a certain mutual indifference to one another and a competitiveness born of the limited funding provided by government subsidy programs.

Thus, the memorial alarm boxes of the *Murs du Feu* installation are not without reminding one of the works of Melvin Charney conducted in his urban architecture workshop at the Université de Montréal 20 years earlier, or those of Kathleen West exploring the theme of city, fire and the meaning of places. The signage (and postcards) used by the *FRAG* exhibit form a disparate montage that gives a vivid voice to the past, recalling the hodgepodge aesthetic of the window displays of bygone businesses since replaced by a rather sterile new business paradigm: to wit, the old Warshaw grocery store at the corner of Saint-Laurent and Saint-Cuthbert, where curtain hooks and melons mingled, has given way to a prim and proper drugstore chain. A hybrid of collage and juxtaposition, featuring walls covered in posters and unusual scrapbooks laden with pictures, newspaper clippings and book excerpts, the *FRAG* markers follow the trend toward the use of educational trails instigated by institutions such as Parks Canada, bodies such as Héritage Montréal and historical societies throughout the province.

This initiative to reveal the memory is not merely a concoction of today's creative society. As far back as the 19th century, Montrealers sought to set in place memorial signposts that could

BE THEATRE

LOVE and DISHONOUR

A BRIDE FOR SALE

1893

Mercedez avait rencontré Béatrice dans le tramway 52 qui partait du petit terminus au coin de Mont-Royal et Fullum pour descendre jusqu'à Atwater et Sainte-Catherine, en passant par la rue Saint-Laurent. C'était la plus longue ride en ville et les ménagères du Plateau Mont-Royal en profitaient largement. Elles partaient en groupe, le vendredi ou le samedi, bruyantes, rieuses, défonçant des sacs de bonbons à une cenne ou mâchant d'énormes chiques de

EXTRA ST. LAWRENCE

155

L'apport canadien-français

gomme rose. Tant que le tramway longeait la rue Mont-Royal, elles étaient chez elles, elles faisaient tous les temps [...]. Mais quand le tramway tournait dans la rue Saint-Laurent vers le sud, elles se calmaient d'un coup et se renfonçaient dans leurs bancs de paille tressée: toutes, sans exception, elles devaient de l'argent aux Juifs de la rue Saint-Laurent, surtout aux marchands de meubles et de vêtements [...].

Texte de Pierre Anctil

e after the time punched. The DATE and
t punched must be verified by passenger

billet n'est PAS un billet D'ARRÊT et
t pas TRANSFERABLE et bon seulement si

met Béatrice on the number 52 streetcar
e terminus at the corner of Mont-Royal
g went down to Atwater and Sainte-
by way of Saint-Laurent. It was the
town and the housewives from Plateau
k great advantage of it. They would set
on Friday or Saturday, noisy, laughing,
ags of penny candy or chewing enormous
As long as the streetcar was going down
hey were in their element [...].

turned down Saint-Laurent, heading south, suddenly they'd calm down and sink back into the straw seats: all of them, without exception, owed money to the Jews on Saint-Laurent, especially to the merchants who sold furniture and clothes.

But when the streetcar

The Woman Who Was a... a novel by Michel Tremblay
translated by Sheila Fischman

Montreal Street Railway
DEC. 25 '94
No. 4236
TRANSFER FROM
St. Catherine
A.M.   P.M.

SEE CONDITIONS OTHER SIDE

Communications
Québec

Montréal

Société de développement du
BOULEVARD SAINT-LAURENT

www.atsa.qc.ca
Traduction et téléchargement
translation and download

ATSA
4190 FRAG

de Maisonneuve de Louis-Philippe Hébert sur la place d'Armes, réalisé dans le cadre d'un programme artistique très précis élaboré par des notables passionnés d'histoire. À l'occasion du 250e anniversaire de Montréal en 1892, ceux-ci ont aussi installé des plaques commémoratives, notamment une série en marbre blanc dont il reste quelques rares exemples au Marché Bonsecours et à la Place d'Youville (l'une de ces anciennes plaques était située sur une caserne de pompiers à Pointe Saint-Charles, mais elle disparut lors de rénovations effectuées par la Ville de Montréal).

Ces initiatives sont les indices d'une société montréalaise qui s'éveille à son histoire et, progressivement, aux lieux et aux objets qui la portent, allant jusqu'au combat pour en éviter la destruction. Elles viennent d'organismes comme la Société historique de Montréal, la première au Canada, fondée en 1858 par l'ancien maire Jacques Viger, et la Société d'archéologie et de numismatique de Montréal, fondée en 1862 par le musicien Adélard-Joseph Boucher et par le notaire Stanley Clark Bagg. Contemporaine des autres métropoles modernes, la société montréalaise se dote d'associations qui lancent des souscriptions populaires, créent des ponts entre les élites franco-catholiques et anglo-protestantes et génèrent des événements très populaires comme ces visites annuelles du Vieux-Montréal par le notaire Victor Morin qui attiraient des foules. Comment comparer ces monuments et plaques aux activités actuelles d'interprétation comme les panneaux des organismes en patrimoine ou de *FRAG*? L'objet a changé pour entrer dans le monde des communications.

Au XIXe siècle et pour une bonne partie du XXe siècle, notre société d'écrits et d'écrivains s'est nourrie pleinement des inscriptions gravées sur les plaques commémoratives et des personnages glorifiés par les bronzes de nos artistes qui ponctuaient les espaces publics : le « Carré de la Puissance », le square Dominion aujourd'hui scindé en Place du Canada et square Dorchester, avec ses monuments impériaux, ou le parc Lafontaine avec ses héros canadiens-français. Le mont Royal est un lieu mémoriel particulièrement intense par ses cimetières catholique, protestant et juifs – véritables archives des noms et symboles de la société montréalaise gravés dans la pierre ou l'architecture de leur aménagement. Il conserve deux monuments majeurs d'une société aux prises avec des mémoires concurrentes, inscrits dans le paysage d'une manière particulièrement expressive. Au pied, avenue du Parc, le monument de sir George-Étienne Cartier par George W. Hill et les architectes Edward et William S. Maxwell, pilier de granit surmonté de l'ange de la Renommée, fut financé par souscription publique et inauguré en 1919 par le roi George V depuis son château de Balmoral grâce à un système de télégraphe. Au sommet, dominant la ville nuit et jour, la croix lumineuse fut érigée en 1924 à l'initiative du Sulpicien Pierre Dupaigne avec les architectes Gascon & Parant, par la Société Saint-Jean-Baptiste et une collecte des écoliers montréalais. On imaginerait mal des gestes aussi forts dans notre société actuelle.

Les débats des années 1950-1970 et l'arrivée de l'ère des communications contribuèrent à changer l'action en patrimoine. De grands chantiers incarnent alors les nouvelles ambitions montréalaises. Dominés par une vision fonctionnaliste du développement, ils font fi des lieux mémoriels et identitaires de la métropole. L'euphorie du progrès de l'après-guerre amène des projets

be read by all citizens. Through fund-raising, they erected commemorative monuments such as Nelson's Column and Louis-Philippe Hébert's statue of Maisonneuve at Place d'Armes, the latter being commissioned by illustrious Montrealers with a bent for history. To mark the 250th anniversary of the founding of Montreal in 1892, the same enthusiasts also installed commemorative plaques, notably a series in white marble of which a few rare examples can be seen at Bonsecours Market and at Place d'Youville. (One such plaque was affixed to a firehouse in Pointe Saint-Charles, but disappeared during renovations undertaken by the Ville de Montréal.)

Such initiatives reflected a local citizenry awakening to its history and, progressively, to the places and objects wherein such history is embodied, willing to go so far as to fight in order to prevent its destruction. The initiatives were the work of organizations such as the Société historique de Montréal, Canada's first historical society, founded in 1858 by Mayor Jacques Viger, and the Société d'archéologie et de numismatique de Montréal, founded in 1862 by musician Adélard-Joseph Boucher and notary Stanley Clark Bagg. As in other modern cities, there arose in Montreal associations which ran public fund-raising campaigns, thus building a bridge between the French Catholic and English Protestant elites and giving rise to hugely popular events such as notary Victor Morin's annual excursions to Old Montreal, for which Montrealers turned out in droves. How do the monuments and plaques of yesteryear compare with today's interpretative activities such as the signage used by heritage bodies or by *FRAG*? The objects themselves have evolved to become tools for communication.

In the 19th century and for a good portion of the 20th, our literate society nourished itself on the inscriptions found on the commemorative plaques and the sculptures of historical figures scattered throughout our public spaces: Dominion Square, for instance, so-called "Square of Power," today split into Place du Canada and Dorchester Square, with its imperial monuments, or Lafontaine Park, with its depictions of French-Canadian heroes. Mount Royal is an especially intense memorial ground, with its Catholic, Protestant and Jewish cemeteries; their engraved markers and architectural features make it a veritable treasure trove of the names and symbols of a bygone Montreal. Mount Royal houses two important monuments bearing witness to a society at odds with conflicting memories; these are integrated into the landscape in an especially expressive manner. At the foot of the mountain, on Park Avenue, sits the monument to Sir George-Étienne Cartier by George W. Hill and architects Edward and William S. Maxwell, a granite pillar atop which is perched the giant winged figure of the Angel of Renown, a work financed through public funding and inaugurated by telegram by King George V from Balmoral Castle in 1919. At the mountain's summit, casting its presence across the city skyline both day and night, sits the Cross, erected in 1924 by the Société Saint-Jean-Baptiste thanks to the initiative of Sulpician Pierre Dupaigne and architects Gascon & Parant and a fundraising drive carried out by Montreal schoolchildren. One would be hard-pressed to conceive of such concerted action in today's society.

The societal changes which marked the 1950s through to the 70s, coupled with the dawning of the communications era,

absurdes comme ces autoroutes surélevées sur la rue Saint-Paul et sur le boulevard Saint-Laurent, vaillamment combattues par les urbanistes Blanche Lemco et Daniel Van Ginkel en 1958 et en 1959, ou la démolition de la gare Windsor arrêtée par l'architecte Michael Fish en 1971. La modernisation nationale accélérée par la Révolution tranquille donne le Palais de Justice, érigé malgré de nombreuses protestations, mettant en lumière l'insuffisante protection du Vieux-Montréal qui est classé (en partie) en 1964. Sur le mont Royal, des projets immobiliers tentent le même exercice ; le mont est classé (en partie) en 2005. Les démolisseurs, ces archanges du progrès, pulvérisent des quartiers entiers, comme le « faubourg à mélasse » ou Longue-Pointe, et de nombreux monuments d'architecture et d'histoire dont le collège Sainte-Marie, les églises Sainte-Catherine et Saint-Henri, et les grandes résidences victoriennes du Square Mile. En septembre 1973, la démolition de la maison Van Horne, à l'angle nord-est des rues Sherbrooke et Stanley, provoque la formation de Sauvons Montréal puis, en 1975, la création d'Héritage Montréal par Phyllis Lambert.

Jean-Claude Marsan, dans ses ouvrages, a estimé à plus de 30 000 le nombre de logements démolis à Montréal. Comparables aux ravages de Ceaucescu à Bucarest, ces chiffres indiquent l'ampleur de la tâche et le besoin d'aller au-delà d'une approche de collectionneur de « glorieuses reliques du passé ». Pour sauver la ville, il devient urgent d'expliquer la réalité de la ville, son patrimoine et ses formes de développement. En 1974, Norman Spatz s'inspire de Chicago pour créer les ateliers mobiles de Sauvons Montréal afin d'intéresser une population, élevée dans le rêve

conspired to change heritage action. Major development projects reflected the new aspirations of a modern Montreal. Succumbing to a largely utilitarian view of development, these projects ignored those places deeply connected to the city's memory and identity. The euphoria of progress which accompanied the post-war years brought its fair share of preposterous development schemes, such as elevated highways on Saint-Paul Street and on Saint-Laurent Boulevard, which were valiantly thwarted thanks to the efforts of urban planners Blanche Lemco and Daniel Van Ginkel in 1958 and 1959, or the demolition of Windsor Station, prevented by architect Michael Fish in 1971. The modernization of the Québec nation, hastened by the Quiet Revolution, gave us the Palais de Justice, which was erected in spite of vocal opposition and which highlighted the inadequate protection afforded Old Montreal, partially classified as a heritage site in 1964. Similarly, real estate development projects were drawn up for Mount Royal; it too was partially classified in 2005. The wrecking ball, that symbol of ever-onward progress, decimated whole neighbourhoods, such as the "Faubourg à mélasse" (the "molasses burg," because of the sugar factories) or Longue-Pointe, and numerous architectural and historical monuments, including the Collège Sainte-Marie, Sainte-Catherine and Saint-Henri churches, and the imposing Victorian houses of the Square Mile. In September of 1973, the demolition of the Van Horne House at the northeast corner of Sherbrooke and Stanley led to the founding of heritage watchdog Save Montreal, followed in 1975 by architect Phyllis Lambert's founding of Héritage Montréal.

Quand on pense à la cicatrice de l'autoroute Viger qui nous a coupés de notre histoire.

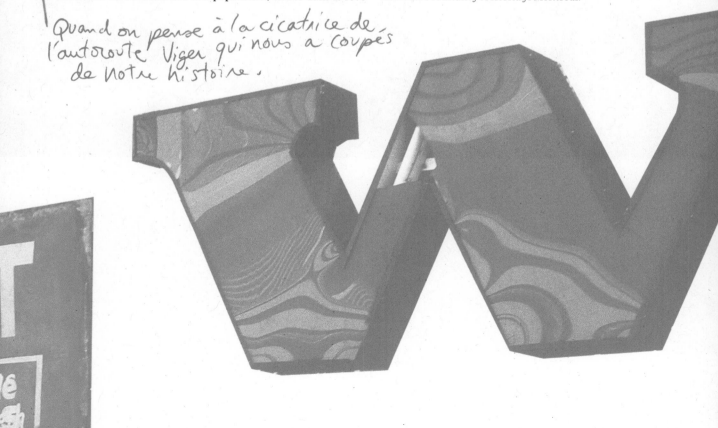

veut dire
«guenilles» en yiddish

de fuir la ville, à l'histoire et à l'architecture des quartiers, et de changer les valeurs de la société. Il s'agit, en somme, de passer de la commémoration glorieuse et savante à une communication publique de l'architecture et de la mémoire des lieux. La révolution signalétique introduite par Expo 67 a peut-être aidé à cela.

En 2008, Montréal se distingue par une forte dimension citoyenne en action patrimoniale en comparaison à d'autres métropoles. Cela se reflète notamment par la vitalité des quartiers anciens et le nombre important d'organismes en patrimoine qui, depuis des décennies, accomplissent un travail considérable qui se fonde sur la curiosité et l'engagement bénévole. Persévérante à défaut d'être unifiée, cette action citoyenne a suscité l'étonnement, la curiosité, la promenade, le tourisme urbain, la recherche, la prise de conscience, la mobilisation ou encore l'investissement dans la rénovation. Aujourd'hui, elle est complétée par une action artistique originale. Il y a vingt ans, l'artiste Gilbert Boyer laissait un chemin d'indices mystérieux dans les vitrines et les devantures des commerces du boulevard Saint-Laurent. Plus récemment, l'ATSA y a placé ses boîtes d'alarme incendie, émergeant du monde des souvenirs lointains ou des objets des générations passées, ou ses panneaux *FRAG* regorgeant d'images et de plans sortis des archives, ainsi que de fragments de textes parlant des bâtiments, de personnages comme feu l'épicier Simcha ou l'hippopotame du jardin Guilbault. Posés dans les cavités, vides ou coins de la paroi éclectique du boulevard, *FRAG* épingle des fragments de mémoire, des détails, des dessins comme il ne s'en fait plus ou des allusions qui égrainent à l'improviste et en vrac l'histoire, grande et anodine à la fois, de ce méridien de Montréal. Comme ces plaquettes d'acier inoxydable installées dans le trottoir tout neuf et gravées de la date des bâtiments dont elles marquent la mitoyenneté, grand trait de l'architecture urbaine de Montréal, c'est un compte-gouttes de l'épopée et du cabinet de curiosités urbaines (avez-vous vu les pattes de chat dans la brique?).

Universelle par son humanité, exceptionnelle par son aventure, Montréal est une métropole bien particulière. Son patrimoine en témoigne en créant un environnement authentique qui porte la marque de ses bâtisseurs. Libre de droits, ce grand livre de la ville et du patrimoine reste ouvert à qui veut le lire. Il suffit de s'y promener avec l'esprit curieux, un peu d'imagination, sans peur du parcellaire et avec le plaisir de revenir visiter ce génie étourdi.

« *Notre patrimoine est source d'identité, de connaissance et de plaisir, un apport essentiel à la qualité de nos vies et à la vitalité de notre société [...].* »
Mémoire d'Héritage Montréal sur le projet de modernisation de la rue Notre-Dame à Montréal (janvier 2002)

In his works, Jean-Claude Marsan has estimated at more than 30,000 the number of dwelling units demolished in Montreal, an achievement akin to the ravages wrought by Ceaucescu in Bucharest. The figure reflected the enormity of the task ahead and the need to move beyond a butterfly collector's approach, beyond merely corraling the "relics of our glorious past." Instead, there grew an urgency to shed light on the reality of the city, its heritage and its modes of development. In 1974, Norman Spatz looked to Chicago for inspiration and set up Save Montreal's itinerant workshops. Their aim was to instill in a generation of citizens pining for the countryside an interest in the history and architecture of their city, and to change societal values. In short, it had become necessary to move beyond glorious commemorations of heritage to a public discourse on architecture and the memory of places. The signage revolution ushered in by Expo 67 perhaps contributed to this paradigm shift.

In 2008, Montreal stands apart from other cities thanks to the strong citizen component of its heritage action, as evidenced most particularly by the vitality of old neighbourhoods and the significant number of heritage bodies whose steadfast contributions, for decades now, have relied on curiosity and volunteerism. While often not concerted, this citizen action, through its very perseverance, has provoked astonishment, curiosity, awareness, research, mobilization, greater interest in leisure walking, urban tourism, even increased investment in renovation. The creative commitment of today's artists complements that action. Twenty years ago, artist Gilbert Boyer left a trail of mysterious clues in the storefronts lining Saint-Laurent Boulevard. More recently, ATSA placed along the same artery its fire alarm boxes, artifacts of previous generations, and its *FRAG* signs, full of historical photographs, drawings and fragments of texts referring to buildings and characters of yore, such as the late, beloved grocer Simcha Leibovich and the hippopotamus of the Guilbault Gardens. Nestled in the nooks, crannies and the very fabric of The Main, *FRAG* gathers fragments... of memory, obscure details, drawings and curios which randomly divulge to the casual passerby the past, at once storied and trifling, of the city's lifeline. Like those stainless steel reinforcement rods laid into the freshly poured concrete sidewalk and bearing the date of the buildings they abut against, a hallmark of Montreal's urban architecture, it conjures up in dribs and drabs the urban saga and its attendant oddities. (Have you seen the cat's paw prints in the brickwork?)

Universal in appeal because of its humanity, and exceptional thanks to its spirit of adventure, Montreal is a most singular metropolis. Its heritage is testament to this, fostering an authentic environment which bears the imprint of its builders. The city and its heritage are an open book for all to read. And what a compelling read! All that is required is to peruse the city with a curious mind, a modicum of imagination, and the pleasure that comes with visiting and catching up with an old friend.

Our heritage is a source of identity, of knowledge, of pleasure. It makes an essential contribution to our quality of life and helps our society flourish ..."
Brief presented by Héritage Montréal on the project for the modernization of Notre-Dame Street in Montreal (January 2002)

SQUAT POLAIRE 2007–

Allégorie militante, **Squat polaire** traite des changements climatiques en proposant une relecture ironique du conte intitulé Boucle d'Or et les trois ours. Comme la petite fille blonde, l'homme pénètre le territoire des ours et saccage tout sur son passage avant de prendre la fuite. Le public est invité à explorer le squat de notre famille polaire pour y découvrir une prolifération d'objets exploitant l'image de l'ours blanc. Le délabrement des lieux nous pousse à réaliser le gâchis qui résulte de notre inertie. À l'intérieur, de vieux films datant du temps où la banquise était gelée passent à la télévision. Une scène à la fois onirique et tragique, accompagnée d'une ambiance sonore d'icebergs qui s'entrechoquent, s'effondre sous l'effet du dégel. **Squat polaire** est le lieu d'une réflexion plus globale sur la perte d'identité. À l'extérieur, la mise en scène devient un réel centre de ressources intégrées à l'installation. Cette prolifération de littérature nous en dit long sur l'écart entre le savoir et l'action. L'ATSA accompagne **Squat polaire** avec l'atelier Ouvre ta boîte et des conférences dans la rue avec des invités émérites.

A militant allegory, **Squat polaire** ("polar squat") broaches climate change by offering up an ironic take on the fairy tale of Goldilocks and the Three Bears. Just like the little blonde girl, man trespasses into the bears' home and devastates everything on his path before fleeing. The public is invited to explore the trailer squatted by our dispossessed polar bear family. The trailer's state of disrepair makes us realize the mess we are creating through our inaction on the environment. Inside, we discover a plethora of derived products exploiting the polar bear's image, while old footage from a time when the polar ice caps were indeed frozen is shown on a television set. The scenes are both dreamlike and tragic, with a soundtrack of icebergs colliding as they thaw. On a broader level, **Squat polaire** calls for reflection on the loss of identity. The outside of the installation serves as a veritable resource centre on climate change. Indeed, the proliferation of literature available makes a statement on the divide between knowledge and action. As an adjunct to **Squat Polaire**, ATSA presents the workshop Ouvre ta boîte ("open your box," but also "open your mouth") and street conferences with invited experts.

Squat polaire a été réalisé dans le cadre de Trafic'Art de la galerie Séquence à Saguenay et a également été présenté au Symposium international d'art contemporain de Baie-Saint-Paul et, à Montréal, lors de la Nuit blanche sur l'avenue Mont-Royal.
Squat Polaire was produced within the framework of the Trafic'Art event staged by the Séquence gallery in Saguenay, at the Symposium international d'art contemporain in Baie-Saint-Paul, and as part of the Nuit blanche on Montreal's Mont-Royal Avenue.

AVEC LE TEMPS

CERTAINES EXPÉRIENCES DE LA VIE NOUS TRANSFORMENT. ELLES CHANGENT NOTRE PERCEPTION AU POINT QU'IL N'EST PLUS GUÈRE POSSIBLE D'ENVISAGER NOTRE AVENIR SANS RÉFLÉCHIR AUX CONSÉQUENCES DE NOS

JEAN LEMIRE Biologiste de formation, Jean Lemire se spécialise rapidement en recherche sur les mammifères marins. Il débute une carrière parallèle en cinéma en 1987 pour produire et réaliser des classiques de notre cinématographie comme *Rencontres avec les baleines du Saint-Laurent, Mission Arctique, Mission Baleines, La planète Blanche, Le dernier continent* et *Mission Antarctique.* Vulgarisateur scientifique reconnu, sa contribution dans le domaine de l'éducation lui vaut plusieurs distinctions : officier de l'Ordre du Canada; docteur *honoris causa* du réseau des Universités du Québec; médaille d'or de la Société géographique royale du Canada; personnalité de l'année *La Presse*/Radio-Canada; prix Georges-Préfontaine de l'Association des Biologistes du Québec; Grand Ambassadeur de l'Université de Sherbrooke et héros de l'année, élu par les lecteurs de Sélection du Reader's Digest. Il est chroniqueur environnement pour le quotidien *La Presse* et a publié les livres à succès *Mission Antarctique* au Canada et *Le dernier continent* en Europe. Trained as a biologist, Jean Lemire soon specialized in research on sea mammals. In 1987, he began a parallel career in film, producing and directing classics of Quebec cinema such as *Rencontres avec les baleines du Saint-Laurent, Mission Arctique, Mission Baleines, La planète Blanche, Le dernier continent* and *Mission Antarctique.* A reknown scientific popularizer, his contribution to the field of education has brought him several distinctions: Officer of the Order of Canada; honorary doctor of the Universités du Québec network; gold medal of the Royal Canadian Geographical Society; La Presse/Radio-Canada personality of the year; the Georges-Préfontaine Prize awarded by the Association des Biologistes du Québec; Grand Ambassadeur de l'Université de Sherbrooke and hero of the year, elected by the readers of Reader's Digest. He is the environmental columnist for the daily newspaper *La Presse* and has published the bestsellers *Mission Antarctique* in Canada and *Le dernier continent* in Europe.

ACTES. C'EST UN PEU CE QUI M'EST ARRIVÉ

à force de bourlinguer sur les mers de cette planète, à la recherche de réponses aux questions fondamentales de la vie. Avec l'équipage du voilier *Sedna IV*, nous avons accumulé les missions scientifiques et éducatives pour constater, *de visu*, l'effet de notre insouciance sur notre planète et ses habitants. Le constat mène inévitablement au questionnement pour demain. Tel Gauguin en son île, nous posons la triple question, éternelle et lancinante : « D'où venons-nous ? Que sommes-nous ? Où allons-nous ? »

Nous avons surtout dirigé nos missions vers les régions polaires. Les pôles agissent comme des avant-postes, des sentinelles qui nous révèlent l'état de la planète. Par de complexes mécanismes climatiques, la chaleur se répartit de façon inégale sur notre planète, transportée par les grands courants atmosphériques et océaniques. Nous, habitants des hautes latitudes, serons particulièrement touchés par des variations climatiques importantes et rapides, des bouleversements du climat qui viendront modifier la vie, sous toutes ses formes.

Dans notre première mission, en Arctique, nous avons été les témoins privilégiés d'un monde en pleine transformation. À cette époque, en 2002, nos cris d'alarme ne faisaient pas encore l'unanimité. Les images saisissantes rapportées de cette longue traversée du passage du Nord-Ouest ont heureusement porté plus que nos mots. Aujourd'hui, peu contestent encore la fonte rapide et inquiétante de l'Arctique et ses conséquences tragiques. Pourtant, nous n'avons que répété, incessamment, ce que les scientifiques du climat affirmaient depuis le sommet de Rio, dix ans auparavant : la planète souffre d'un trop-plein de nos rejets, de nos gaz à effet de serre qui empoisonnent l'atmosphère et transforment le climat. L'appel répété des scientifiques a mis beaucoup de temps avant d'être entendu. Mais l'est-il vraiment, aujourd'hui, après toutes ces années de combat, de lutte acharnée pour avertir, pour prévenir, pour mettre en garde ?

L'année suivante, nous avons mis le cap sur l'Atlantique Nord, à la recherche des dernières baleines franches de l'hémisphère Nord. En reprenant la route des chasseurs d'hier, en relisant leurs journaux de bord, nous avons tracé un itinéraire pour rechercher les dernières survivantes d'une époque peu

OVER TIME Certain experiences in our lives change us forever. They change the way we see things to such an extent that it becomes impossible to ponder our future without considering the consequences of our actions. This, in a nutshell, is what happened to me after tirelessly sailing across the seas of our blue planet, in search of answers to life's big questions. The crew of the sailboat Sedna IV, along with myself, conducted a string of scientific and educational missions to see with our own eyes the devastating effect our carefree ways have had on Earth and its inhabitants. Such observation inevitably leads to wondering aloud about the future. Much as I imagine the painter Gauguin might have done on his beloved Tahiti, we ask those eternal questions that haunt us, that well-known trinity: "Where do we come from? Who are we? Where are we headed?"

The Sedna IV's missions focused chiefly on the polar regions. The poles serve as watchposts or sentinels; change here is a precursor of changes to the rest of the planet. Through complex climatic mechanisms, heat is spread unevenly across our planet, carried by the major ocean and air currents. We, as inhabitants of high latitudes, will be particularly affected by rapid climatic upheavals that will change all forms of life as we now know it.

During our first mission, to the Arctic, we were the privileged witnesses of a world undergoing transformation. The year was 2002 and our cries for help had yet to create a universal consensus. The striking images we brought back from that long crossing of the Northwest Passage have thankfully resulted in more than just idle words. For today, few are the cynics who doubt the rapid, worrisome melting of the polar ice caps and its tragic repercussions. Yet we had only repeated, incessantly, what climatologists had been warning of since the Rio Summit ten years earlier, namely that the planet is supersaturated with our waste and choking on greenhouse gases that are poisoning us and forever altering its climate. This repeated outcry from the scientific community took a considerable amount of time to be heard. But has it been truly understood, even now, after all these years of relentless struggle to avert and to warn?

The following year, we set sail for the North Atlantic, on the lookout for the last right whales to grace the Northern Hemisphere. By following in the footsteps of yesteryear's whalers and by poring over their ship's logs, we were able to steer a course that would help us in our quest for the sole survivors of an inglorious chapter in the history of mankind, a time when man saw the whale as merely a floating source of oil, a living reservoir of fuel to be slaughtered. In pondering the major eras of our history, one cannot but be impressed with the extent to which man has always struggled fiercely to secure his supply of energy. Never, in all our history as a race, have we shown restraint in exploiting our energy resources. From the ambitious, bloody campaigns waged by our whaling ships of yesteryear to the deployment of troops in Iraq, our search for energy autonomy has always come at too great a price.

After crossing the Gulf of Maine, sailing along the Saint Lawrence, travelling up the coast of Labrador, then patrolling for days and nights on end in the waters off Greenland and Iceland, and despite months of effort and searching, we were forced to resign ourselves to a sad conclusion: the right whales of the

Nature morte

glorieuse de l'humanité, quand les hommes ne voyaient en la baleine qu'une source d'huile flottante, qu'un réservoir vivant de carburant à abattre. Revisiter les grandes périodes de notre histoire, c'est constater à quel point l'homme a toujours lutté farouchement pour ses sources d'énergie. Jamais, dans toute notre histoire, n'avons-nous été capables de modération dans l'exploitation de nos ressources énergétiques. Des grandes campagnes sanguinaires menées par nos baleiniers d'hier jusqu'au déploiement de nos soldats pour la guerre en Irak, nous sommes toujours allés trop loin pour le contrôle de nos sources d'énergie.

Après avoir parcouru le golfe du Maine, le Saint-Laurent, remonté le Labrador, patrouillé des jours et des nuits dans les eaux du Groenland et de l'Islande, malgré des mois d'efforts et de recherches, tristement, nous avons dû nous résigner : les baleines franches de l'Atlantique Nord n'avaient pas d'endroits secrets, loin, très loin des côtes, où elles auraient pu vivre aujourd'hui en paix. Des semaines d'enquête avec les meilleurs scientifiques de la question n'ont permis de rajouter qu'une seule baleine nouvelle à la trop courte liste des survivantes de l'histoire. Notre baleine retrouvée, malgré sa valeur inestimable dans le grand livre historique de l'espèce, n'était que la 316e recensée au cours des dernières décennies. On ne refait pas une population avec un aussi petit effectif, surtout quand ces dernières baleines peinent à survivre, trop souvent victimes de collisions avec les bateaux cargos. Qu'il est triste et difficile d'assister en direct à la disparition annoncée d'une espèce que l'on a appris à aimer, à respecter...

Partout sur cette petite planète, j'ai assisté à la dégradation des habitats, j'ai constaté le déséquilibre provoqué et j'ai vu la destruction. Sur les océans du monde, sur les îles, sur les côtes, sur la glace en déclin ou même dans le lit d'une rivière qui semble trop lointaine et isolée pour ressentir les assauts répétés de la civilisation, toujours le même constat : nos actes, nos gestes, notre façon de consommer et de consumer, perturbent l'équilibre fragile d'une planète où tout est relié. Faut-il encore le rappeler : tout est toujours lié sur cette planète, pour former cet équilibre qui permet la vie. Il faut peut-être l'avoir parcourue de haut en bas pour la comprendre un peu. Il faut peut-être avoir connu les différents visages de la nature, subi ses humeurs, l'avoir redoutée, s'en méfier et même la détester pour l'apprécier pour ce qu'elle est. Cette nature que nous avons oubliée, qui porte la vie, mais que nous ne considérons plus que comme un simple lieu où il fait bon se ressourcer, le plus souvent le week-end ou durant les vacances. Nous avons oublié le sens réel de la nature. Et pourtant... Nous faisons partie intégrante de cette nature, comme les autres formes de vie qui la composent, comme l'oiseau, la baleine ou l'insecte. Notre conscience d'humain nous a un jour différenciés, puis nous a élevés au-dessus de tout. Bien installés dans nos villes royaumes, nous croyons maintenant tout dominer, jouant maladroitement aux créateurs en décidant du sort des autres espèces. Comme cette attitude est dangereuse...

Nous nous sommes indignés sur notre propre passé en regardant ce que nous avons fait aux grandes baleines. Mais ce passé ne nous a rien appris. Aujourd'hui, plus subtilement, nous reprenons les chemins de la destruction, avec la même indifférence, la même insouciance qu'hier.

Après ces missions et toutes ces années de tristes constats, il ne restait qu'un lieu, qu'un espoir véritable de retrouver la vie dans son état d'origine. Il ne restait plus qu'une mission extrême, aux confins de la planète, pour atteindre, enfin, le dernier continent encore vierge et inhabité : l'Antarctique. Le défi était de taille, certes, puisque son hiver intraitable invitait au défi. Mais quel défi! L'isolement complet pour ne faire qu'un avec cette nature plus grande que nature, avec ces paysages de début du monde. Nous, simples sujets de cette nature, parmi les manchots, les phoques et les formes de vie d'un monde sous-marin méconnu. Pour accéder à ce paradis d'hiver, il fallait toutefois accepter de danser avec la mort. Pas de sauvetage possible en cas de pépin, pas de rapatriement pour ceux ou celles qui n'avaient plus envie de jouer. Là-bas, l'homme ne peut pas grand-chose devant les éléments qu'il faut apprendre à respecter. Après 430 jours d'isolement, de sacrifices et d'abandon, un autre constat, triste et tragique : même ici, nous avons échoué dans notre quête d'une nature vierge et sans tracas.

L'absence de l'homme ne garantit plus sa protection. Nous réussissons à étendre notre pouvoir de destruction en tous lieux, sans même y déposer la lourde empreinte de nos pas maladroits. Ce n'est plus notre présence qui menace. Pernicieusement, ce ne sont que les rejets de ce que nous sommes devenus qui se répandent et menacent la vie, partout et pour toujours. On ne les voit pas, pas plus que l'on ne peut les sentir ou les toucher. Pourtant, ils sont là, camouflés dans l'atmosphère ou dilués dans la mer. Nos rejets polluants se sont rendus ici, là-bas, comme partout ailleurs sur cette planète. Peut-être ne vous l'ai-je pas dit auparavant? Cette planète est toute petite...

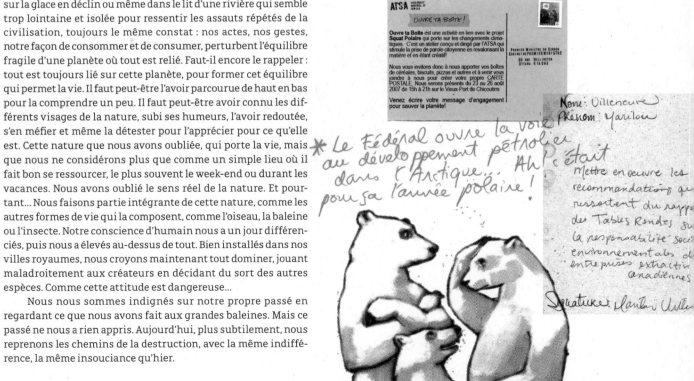

North Atlantic had no secret hiding place, far from the coastlines, where they might be living in peace, undisturbed by man. Weeks of investigation with the best team of scientific experts enabled us to make but one new find, to add but one whale, to the too-brief list of history's survivors. The whale we chanced upon, in spite of its inestimable value in the species' long and storied lineage, was only the 316th to be inventoried in recent decades. We cannot repopulate the species with such small numbers, particularly as these last surviving specimens are struggling to survive, all too often victims of collisions with cargo ships. How sad and difficult it is to witness in person the announced disappearance of a species we have learned to love and to respect.

Everywhere on this small planet of ours, I have witnessed the degradation of habitats and seen the resulting destruction and loss of equilibrium. Whether on the oceans of this world, on the islands, off the coasts, on the waning ice masses, even in a riverbed seemingly too distant and removed from society to have to bear the repeated assaults of our civilization, the observation remains the same: our actions, the way we consume and deplete, perturb the fragile equilibrium of a planet where everything is interconnected. It bears repeating even now: everything on Earth is interrelated, and the result is an equilibrium we call Life. To have travelled its breadth and width helps drive the point home. Perhaps it is necessary to have seen the multiple facets of nature, experienced its moods, dreaded it, distrusted it, even scorned it, to fully appreciate it for what it is. A nature we have forgotten, pushed aside, a nature that bears life, a nature which we somehow have come to view as merely a place where we go to relax, more often than not on weekends or during vacations. We have forgotten the true meaning of nature. And yet, we are an integral part of this very nature, like the other life forms which comprise it, like the birds, the insects, the whales. One day, our human consciousness distinguished us from all other creatures, then made us rule them supremely. Comfortably ensconced in our urban fiefdoms, we now believe we are superior to them all,

playing God as we toy with the fates of other species. How dangerous is this arrogance.

As we learn of what we have done to the great whales, we cannot help but be indignant of our own past. Yet this past has taught us nothing. We continue, albeit in more subtle ways, to follow the destructive path, always with the same indifference and the same casualness.

After the various missions of the Sedna IV and all these years of making sad observations, there remained but one place, one last hope, of finding life as it used to be. There was but one extreme mission left to be carried out, to the confines of the planet, the last continent still unspoiled and uninhabited: Antarctica. A major challenge, for its winters are inordinately punishing. But a challenge well worth taking up! Being totally cut off from civilization (or as much as we could stand) enabled a communion with nature and its pristine, "larger-than-life" landscapes. We, mere observers of this nature, were no more in control of it than the penguins, seals and the myriad life forms of the underwater world. To gain access to this wintry paradise, we had to accept the very real possibility of death. There would be no possibility of a rescue in an emergency, no *deus ex machina* for the tired and weary. In Antarctica, man can only respect the elements, not hope to master them. After 430 days of isolation, sacrifice and surrender, we came to yet another sad and tragic conclusion: even here, we had failed in our quest to find a nature that was unspoiled and uncompromised.

Man's physical absence no longer vouchsafes Antarctica's safety. We have managed to extend our destructive force everywhere, without even having to leave so much as our footprints. Our presence is no longer the menace. The waste and remnants of what we have become, and their pernicious spread, are now sufficient to threaten life, everywhere and forever. They are invisible, nor can we smell them or touch them. Yet they are very much present, as microscopic particles in the air or dissolved in bodies of water. Our pollutants have conquered the planet. Did I mention it's a small world?

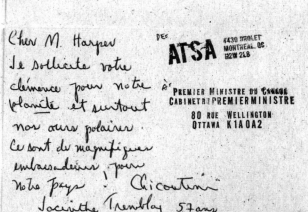

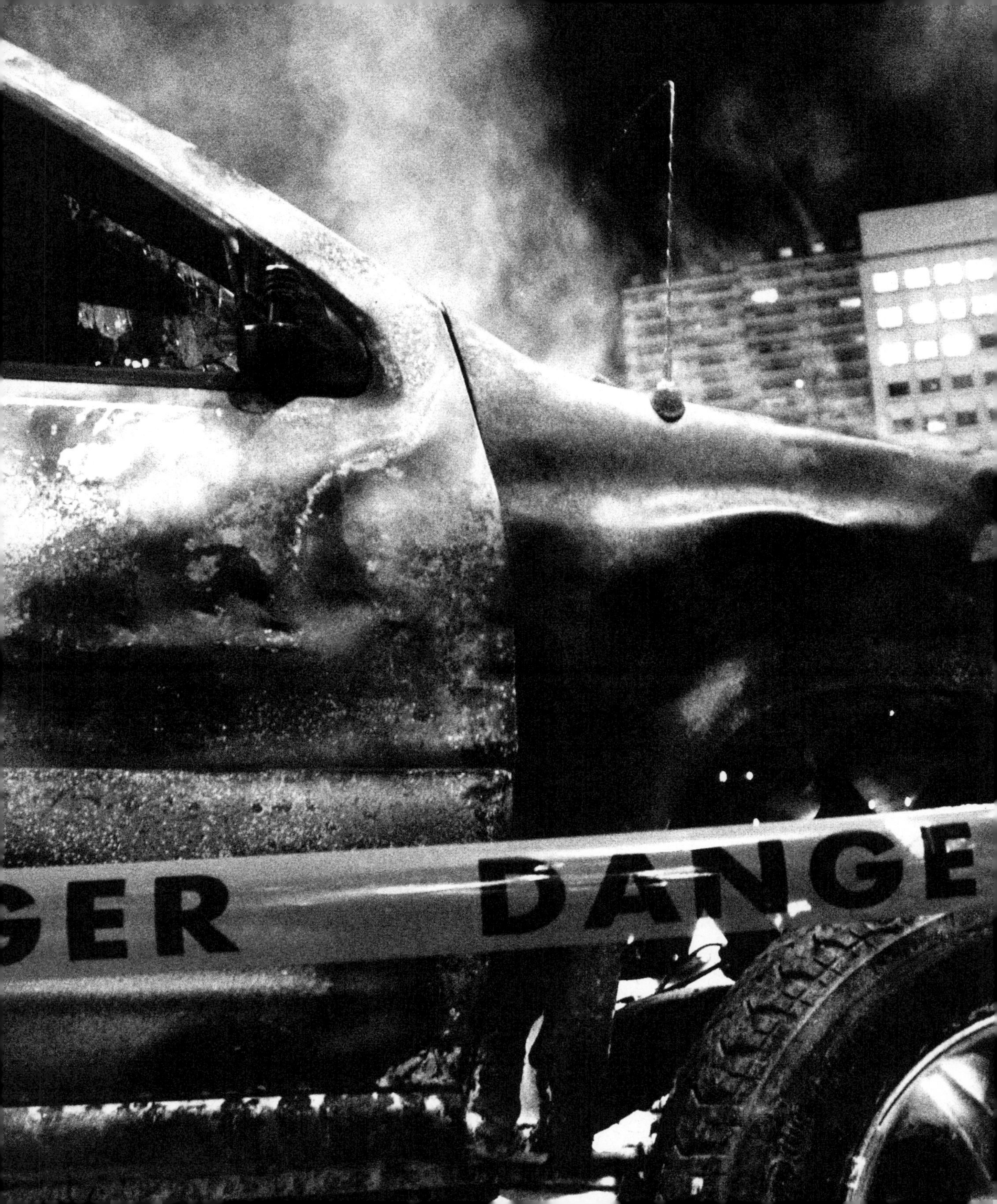
GER
DANGE

ATTENTAT ATTACK 2003–2007

Lorsque Bush déclare la guerre à l'Irak, l'ATSA se lance dans sa série **ATTENTAT.** Un véhicule utilitaire sport

When George W. Bush declares war on Iraq, ATSA counters with its ATTACK series. An SUV, the perfect symbol

(VUS), symbole d'opulence et d'arrogance, est victime d'un attentat à la voiture piégée. Il est encore fumant. Un

of arrogant wealth, is sacrificed in a car bomb attack. It lies there, still oozing smoke. Within its singed shell, a

téléviseur y est intégré avec une vidéo-manifeste juxtaposant des images des tours jumelles qui s'effondrent, des

television screen flashes a video manifesto juxtaposing images of the collapsing Twin Towers, advertisements of

publicités de VUS à la conquête de la vie sauvage, de gens qui meurent du smog, avec une bande audio revendi-

SUVs conquering the last remaining frontiers of wildlife, and people dying of smog. A protest soundtrack's cadence

catrice dont le rythme est calqué sur le premier communiqué du FLQ. On se trouve ici devant une mise en scène

is reminiscent of the Front de libération du Québec's first communiqué to the authorities. The entire staging is a

hyperréaliste d'attentat terroriste qui accuse d'un même souffle l'industrie automobile, les consommateurs et

hyper-realistic enactment of a terrorist attack and points an accusatory finger at the automobile industry, consu-

les gouvernements. Une expérience déstabilisante et sans équivoque, dont la violence conscientise le public sur

mers and governments alike. A no-holds-barred, destabilizing experience whose in-your-face violence forces public

les effets pervers de notre trop grande dépendance aux énergies fossiles.

awareness of the perverse repercussions of our addiction to fossil fuel.

ATTENTAT a été présentée à Montréal, à Québec, à Ottawa (Galerie Saw et Saw Video), à Toronto (Theatre Centre), à Calgary (High Performance Rodeo) et à Vancouver (Push Festival, Grunt Gallery et la Vancouver Art Gallery)

ATTACK has been presented in Montreal, Québec City, Ottawa (Galerie Saw Gallery and Saw Video), Toronto (Theatre Centre), Calgary (High Performance Rodeo) and Vancouver (Push Festival, grunt gallery and the Vancouver Art Gallery).

DE LA GUERRE RÉELLE
À L'UTOPIE DE LA PAIX

SAMI AOUN Professeur titulaire à l'École de politique appliquée à l'Université de Sherbrooke. Directeur de recherche sur les questions liées au Moyen-Orient à la Chaire Raoul-Dandurand en études stratégiques et diplomatiques de l'Université du Québec à Montréal. Domaines d'enseignements : mondialisation, violence et religion, éthique et décision politique, analyse des idéologies, conflits identitaires et systèmes politiques du Moyen-Orient. Invité dans des émissions de radio et de télévision au Canada, au Québec et ailleurs pour commenter l'actualité au Moyen-Orient. Récipiendaire du Fullbright School Program. Ouvrages publiés : *L'Islam aujourd'hui* (Mediapaul, 2007), *L'Islam. Tradition et modernité* (Varia, 2007) et *Les Mots Clés de l'Islam* (Mediapaul, 2007). Professor at the École de politique appliquée, Université de Sherbrooke. Research director on issues pertaining to the Middle East at the Chaire Raoul-Dandurand en études stratégiques et diplomatiques, Université du Québec à Montréal. Teaching fields: globalization, violence and religion, ethics and political decisions, analysis of ideologies, identity conflicts and political systems in the Middle East. Invited to radio and television programs in Canada, Quebec and abroad, in order to comment on current events in the Middle East. Recipient of the Fullbright School Program. Publications: *L'Islam aujourd'hui* (Mediapaul, 2007), *L'Islam. Tradition et modernité* (Varia, 2007), and *Les Mots Clés de l'Islam* (Mediapaul, 2007).

La guerre est une affaire trop sérieuse pour la laisser aux militaires.
Georges Clemenceau (1841–1929)

Il faut des négociations et un travail collectif pour trouver l'équilibre réaliste des intérêts sur lequel seulement peut se fonder une paix solide.
Mikhaïl Gorbatchev (1931–)

En aucun cas, la guerre n'est un but par elle-même. On ne se bat jamais, paradoxalement, que pour engendrer la paix, une certaine forme de paix.
Carl von Clausewitz (1780–1831)

Entre 1998 et 2007, la géopolitique mondiale vacille entre les pesanteurs de la stabilisation et la pacification d'une part, et les forces de l'anarchie et du chaos de l'autre. Ce texte propose une lecture sur quelques enjeux et conflits qui ont dominé l'imaginaire de l'humanité durant ces années, une réflexion sur les réalités géopolitiques et stratégiques de la guerre qui fait des ravages dans plusieurs coins du globe.

La guerre reste une composante des relations internationales

D'emblée, il faut mettre en relief ce paradoxe humain le plus curieux et révoltant, à savoir la guerre, l'un des phénomènes les plus dénoncés mais aussi les plus courants. Un tiraillement sans fin apparaît entre l'idéal rêvé d'une paix perpétuelle, selon le projet kantien, et la guerre accoucheuse de l'histoire selon Hegel. Disons qu'aujourd'hui, comme dans le passé, cette réalité du déchirement marque l'humanité. En revoyant de plus près les guerres des dix dernières années, on peut déceler des raisons multiples à leur déclenchement :

– raisons d'ordre économique : rivalités sur les ressources pétrolières et les hydrocarbures (autour de la mer Caspienne et du golfe persique ou arabo-persique, etc.), en Afrique centrale, nouveau type de guerre autour des mines de diamant et son trafic (Angola, Sierra Leone, Liberia, etc.);
– d'ordre stratégique : domination des espaces de passages obligés des grandes puissances (la région du Moyen-Orient);
– d'ordre idéologique (entre les Sunnites et les Chiites en Irak, ou entre Talibans et autres courants afghans);
– les luttes pour le pouvoir et la rébellion, comme la guerre sans fin entre les autorités colombiennes et les FARC, la rébellion Al Houthi au Yémen, la guerre de 1996 à 2006 qui a opposé, au Népal, le pouvoir royal et les forces rebelles marxistes pour moderniser la monarchie afin qu'elle réponde aux ambitions du peuple;
– des frontières arbitraires où des ethnies réparties en plusieurs États (les Pashtouns entre le Pakistan et l'Afghanistan, les Kurdes entre la Turquie, la Syrie, l'Iran et l'Irak) étaient et sont toujours des ornières conflictuelles;
– ou même des guerres de procuration : la deuxième guerre du Congo (1998-2002) impliquant plusieurs pays africains, celle du Liban en juillet 2006 (israélienne, américaine et iranienne) et les guerres des milices pro-pouvoirs en place : la milice des Janjawids au Darfour;
– guerre d'instrumentalisation : le rôle du Pakistan en Afghanistan ou au Cachemire par son appui aux mouvements islamistes, aux Talibans et autres;
– guerre d'intrusion, d'invasion et de libération : la guerre en Irak ou en Tchétchénie, au Timor oriental entre 1975 et 1999, etc.

FROM OUR DYSTOPIA OF WAR TOWARD A UTOPIA OF PEACE

War is much too serious a matter to be entrusted to the military.
Georges Clemenceau (1841-1929)

[There is a] need to negotiate, to work together towards finding a realistic balance of interests which alone may form the foundation for a durable peace.
Mikhail Gorbatchev (1931-)

To secure peace is to prepare for war.
Carl von Clausewitz (1780-1831)

Between 1998 and 2007, global geopolitics was caught between the tug of stabilization and pacification on the one hand, and the forces of anarchy and chaos on the other. What follows is an interpretation of some of the stakes and conflicts which captured mankind's imagination during that period, and a reflection on the geopolitical and strategical realities of war in numerous hot spots around the globe.

War remains an integral part of international relations

As a starting point, one must acknowledge that most odd and revolting of human paradoxes that is war. Greatly denounced by the majority, and yet most ubiquitous. A ceaseless struggle exists between the ideal of perpetual peace, as espoused by Kant, and the act of war as shaper of history, in the Hegelian tradition. Today, as in the past, the reality of this duel leaves its trace on man. Upon closer analysis of the wars waged over the past decade, one finds multiple triggers:

– economic interests: rivalries over oil and petroleum resources (in the vicinity of the Caspian Sea, in the Arab-Persian Gulf region, and so on); in Central Africa, a new type of war waged over diamond mines and trafficking (Angola, Sierra Leone, Liberia, etc.);
– strategic considerations: superpower domination of trade corridors (in the Middle East);
– ideological conflict (between the Sunnis and Shiites in Iraq, between the Taliban and other Afghan factions);
– power struggles and rebellion (such as the never-ending fight pitting Colombian authorities against the FARC, the Al-Houthi uprising in Yemen, the 1996–2006 war in Nepal between royal authorities and rebel Marxist militia seeking to modernize the monarchy to better meet the aspirations of the population);
– arbitrary borders which split ethnic groups between numerous states (the Pashtoun between Pakistan and Afghanistan, the Kurds between Turkey, Syria, Iran and Iraq) have long been and remain powder kegs prone to unrest;
– proxy wars: the Second Congo War (1998–2002) involving several African countries, the Lebanon War of July 2006 (involving Israel, the United States and Iran), and the wars waged by pro-government militias (the Janjaweed in Darfour);
– manipulative wars: Pakistan's support of fundamentalist groups, the Taliban, and other groups as a means of strengthening its influence in Afghanistan and Kashmir;
– wars of intervention, invasion and liberation: the war in Iraq, the Chechen conflict, the war in East Timor between 1975 and 1979, and so on.

Comprendre les horreurs de la guerre

Pour comprendre ce *fatum* de la guerre, l'accent devrait être mis sur la mondialisation comme grille de lecture et non pas nécessairement comme déclencheur. Elle est toujours le paradigme qui s'impose pour la compréhension de la paix et de la guerre, surtout récemment, et également pour saisir les interrelations entre des États appartenant au système international, qu'ils soient démocratiques, autoritaires, fragiles ou échoués, et les cultures de ce monde, qu'elles soient modernes, pré-modernes ou même anti-modernes.

Autrement dit, cette mondialisation a un effet de loupe sur l'état du monde. Ce rapprochement inévitable entre les êtres humains, imposé par la capitalisation du monde et par l'universalisation irréversible des sciences et des technologies, peut être l'occasion d'une prise de conscience. Comme démarche inéluctable vers l'instantanéité et la proximité, la mondialisation est un outil pour appréhender les imbrications du global et du local. Tout ce qui est local devient de plus en plus porteur d'une incidence globale et toute considération globale passe certainement, et sans exception, par une incidence locale. Ainsi, les couples rapprochement/dialogue ou guerre/confrontation deviennent de plus en plus récurrents sur cette planète mondialisée !

Les remarques précédentes aident à circonscrire le phénomène de la violence des dix dernières années : il est à noter que les guerres restent l'exemple le plus criant de l'échec de la diplomatie et du dialogue entre les êtres humains. L'éclatement de la guerre est certainement dû, tout à la fois, à l'effondrement des efforts déployés pour créer l'État moderne, au fiasco de la modernisation politique en sa capacité de permettre une participation citoyenne aux décisions, à l'échec de la culture de la paix civile, des mécanismes de résolution de conflits et de la reconstruction étatique (*nation building*). Cela étant, maintes raisons peuvent expliquer l'éclatement de ces guerres, notamment le déficit de la modernisation politique des États qui les rend faillis (Côte d'Ivoire en 2000), ou les États voyous pourvoyeurs de violence arbitraire et politique. Il arrive également que des États soient l'apanage de groupes sociaux (ou tribalo-claniques) cherchant à en dominer d'autres (le cas de Saddam et son État monstre) ou exportant leurs crises internes en attisant les guerres dans leur voisinage (l'exemple du Pakistan), ou même que des rivalités entre grandes puissances sur des territoires appartenant à d'autres mènent à l'effritement de l'ordre étatique, comme c'est le cas en Somalie.

Toujours est-il qu'on remarque généralement que ces guerres changent vite de nature. En effet, les guerres de libération se dégradent pour devenir des guerres civiles comportant des actes horribles et dégénèrent dans une violence sectaire aveugle. Les cas des mouvements palestiniens, le Hamas et le Fatah, qui se sont entretués et ceux des mouvements irakiens qui se sont engouffrés dans une spirale de violence sectaire, religieuse et confessionnelle (sunnites et chiites) sont flagrants. La violence sectaire est un autre malheur susceptible de faire des ravages dans plusieurs autres coins du monde musulman.

S'il est vrai que les guerres modernes, comparées aux précédentes, sont menées à l'aide de technologies nouvelles et d'armes moins destructrices mais de plus en plus précises, on est toutefois loin de prédire que la guerre sera écartée définitivement comme moyen de domination dans un avenir prochain ou même lointain. Elle sera probablement plutôt confinée à des régions déterminées ou prendra un caractère idéologique non armé. Il est à noter que les guerres interétatiques des dix dernières années sont moins fréquentes et peut-être moins destructrices que des guerres interétatiques antérieures beaucoup plus terribles. L'intrusion des Américains et de leurs alliés en Irak en 2003 a eu raison du régime de Saddam Hussein en quelque vingt jours, avec des pertes certes malheureuses mais qui restent limitées comparativement aux autres formes de guerres civiles et violences sectaires qui se sont déroulées en Irak. Celles qui sont survenues par la suite ont fait périr des centaines de milliers de personnes !

La suprématie américaine face aux limites de l'occidentalisation

Dans ce système international fortement occidentalisé, l'omniprésence de la puissance américaine en fait un facteur exogène qu'il faut prendre en considération dans la plupart des conflits : pour son intervention ou pour son abstention !

Les troubles et les soubresauts de cette dernière décennie découlent d'une résistance à l'hégémonie de la suprématie des États-Unis et de l'Occident en général. Les puissances du Sud non occidentales demandent un rééquilibrage du système international. Que cela vienne de la Chine, de l'Inde, de l'Iran ou d'autres pays émergents hors de la sphère occidentale, on assiste à des appels à la désoccidentalisation du système international actuel. Cette dynamique de l'hégémonie et de la contestation s'exprime principalement par la sur-militarisation accrue des relations internationales : la course aux armements et les guerres asymétriques, entre autres. Tout cela nous montre les limites de cette occidentalisation du monde, laquelle était une européanisation jusqu'au milieu du XXᵉ siècle et est devenue, depuis, une américanisation. Du coup, un rejet de la domination, de nature impériale, de la puissance américaine unilatérale est apparue dans la foulée de l'effondrement de l'Union soviétique et de la fin du système bipolaire. En d'autres termes, durant les dix dernières années, le système international a été témoin non seulement de la montée euphorique et triomphaliste de la suprématie américaine et de ses politiques unilatéralistes, mais aussi de sa crispation très visible en ce moment. Cette montée et ce déclin sont aussi considérés comme des déclencheurs d'instabilité, de conflits et de guerres.

Grasping the horrors of war

To seize the notion of war as fate, globalization should be seen as a framework for interpretation and not necessarily as a trigger. It serves as the paradigm for understanding both war and peace in recent times, particularly over the past ten years, and also for comprehending the relationships between states—be they democratic, authoritarian, fragile or failed—and the peoples of the world, be they modern, pre-modern or even anti-modern.

In other words, globalization serves as a magnifying glass with which to study the state of the world. This inevitable coming together of human beings, necessitated by the capitalization of the world and the irreversible universalization of science and technology, may well be an opportunity to develop our awareness. As the unavoidable vector of instantaneousness and proximity, globalization is a tool for understanding the interconnectedness of the global and the local. All things local are having increasingly significant repercussions on the global scale, while all global issues have, without exception, local impact. Small wonder, then, that "coming together/dialogue" and "war/confrontation" are increasingly commonplace in this shrinking, globalized world!

The foregoing considerations are intended to contextualize the violence which has marked the past decade. It bears noting that war is still the most extreme example of the failure of diplomacy and of dialogue between human beings. The outbreak of war is directly attributable to the collapse of efforts to create the modern state, to the utter inability of political modernization to bring about a truer participation of the population in the decision-making process, and to the failure of the culture of civil peace, conflict resolution mechanisms and nation building—all at once. Given such a set of circumstances, many reasons may explain the outbreak of all these wars: the lack of political modernization which makes certain states fail (Côte-d'Ivoire in 2000); rogue states dealing their brand of arbitrary, politically motivated violence; some states are the privileged domains of social groups (clans or tribal factions) seeking to dominate others (as was the case in Iraq during Saddam Hussein's brutal reign) or to export their internal crises by fueling war in their region (Pakistan being a case in point); or superpower rivalries waged on territory that is not theirs and leading to a crisis in state order, as is happening in Somalia.

Nonetheless, the nature of these wars is apt to change rapidly. A war of liberation can deteriorate into a civil war full of unspeakable acts and reckless sectarian violence. Obvious examples would be the bloody conflict between the Hamas and Fatah Palestinian movements and that of the Iraqi movements swept into a downward spiral of sectarian, religious and denominational (Sunni and Shiite) violence. Sectarian violence will likely wreak its ravages in many other hot spots of the Muslim world.

While modern war is waged with increasingly sophisticated technology and with decreasingly destructive weaponry capable of striking the enemy with quasi-surgical precision, we are still nowhere near the day when war will be definitively eradicated as a means of dominating one another. Rather, war will probably be confined to specific regions or will take on an ideological, weaponless face. It should be noted that the wars fought between states these past ten years have been less frequent and perhaps less destructive than the much uglier ones of previous generations. The US-led invasion of Iraq in 2003 toppled Saddam Hussein's regime in a mere twenty days, with losses that, while tragic as ever, were limited when compared to the civil wars and sectarian violence the country had already seen in its long, bloody history. However, even those conflicts pale beside the loss of life wrought by the post-invasion sectarian violence that has torn Iraq asunder.

American supremacy and the limits of westernization

In this highly westernized system of international politics, the ubiquity of American power is an exogenous factor that must be taken into consideration in most conflicts, whether the US decides to intervene or not.

The trouble and turmoil of the past decade stem from a widening resistance to the hegemony of US supremacy in particular and of Western supremacy in general. Non-Western/Southern powers are demanding a counterbalancing of influence in international relations. Whether from China, India, Iran or other emerging countries outside the Western framework, there are calls for the de-westernization of the current system of international politics. This dynamic between the existing order and calls for its transformation is reflected in the increasing over-militarization of international relations, in the form of an arms race and of asymmetrical wars, among others. All of which makes clear that there are limits to the westernization of the globe, which was essentially a process of europeanization until the mid-20th century and has since evolved into an Americanization. However, following the collapse of the former Soviet Union and the demise of the two-superpower world order, a backlash toward the imperialistic juggernaut of unilateral US power has arisen. In other words, the past decade has witnessed not only the euphoric, self-congratulatory rise of American supremacy with its unilateralist approach, but also the present shrivelling thereof. Such a rise and subsequent decline are viewed as triggers of instability, conflict and war.

Indeed, the imperial ambition of the US, often seen as wavering, is challenged in many quarters: within American culture itself; by rival superpowers (Russia, China, the European Union); by other powers in their own right (Iran); by powers, even allied, such as Egypt; and by patriotic and religious political outfits (Al-Qaeda and others). With respect to the latter, the events of September 11, 2001 saw a most spectacular attack against the greatest symbols of American power, embodying a defiance which has persisted to this day. We are now witnessing the collision of the extreme americanization of the world order and the challenge to that order posed by the Muslim world, a bloc which had, some years earlier, aligned itself with the US to thwart Soviet communism.

The Greater Middle East: playing field of strategic oil interests

Within this framework, and still as a result of 9/11, the Greater Middle East has gained prominence on the world stage as the chief theatre of the major conflicts of the past ten years, attributable in no small measure to its strategic location at the crossroads

D'ailleurs, cette ambition impériale américaine, souvent qualifiée d'hésitante, fait face à des résistances provenant de plusieurs foyers : au sein de la culture américaine même, des puissances rivales (la Russie, la Chine et l'Union européenne), mais également des pouvoirs en place (l'Iran), des pouvoirs, même alliés, comme celui de l'Égypte, et des forces politiques nationalistes et religieuses (al-Qaïda et autres). À ce propos, depuis le 11 septembre 2001, les États-Unis sont fortement défiés par la montée du terrorisme et par son coup le plus spectaculaire contre les plus grands symboles de sa puissance. Ce sera le choc entre l'américanisation extrême du système international et la contestation islamiste qui, quelques années auparavant, était dans le même camp américain contre le soviétisme communiste.

Le Grand Moyen-Orient : échiquier des rivalités stratégiques autour des ressources pétrolières

Dans ce contexte, et toujours du fait du 11-Septembre, on note la montée du Grand Moyen-Orient sur la scène internationale comme théâtre principal des événements conflictuels des dix dernières années. De sa position géographique entre les grands empires, notamment l'ambitieux empire chinois en position d'attente comme superpuissance mondiale, et l'empire russe nostalgique de son ère de gloire.

Ce Grand Moyen-Orient est dans le point de mire de l'empire américain. Les stratèges de ce dernier comprennent que la puissance qui domine entre la mer Caspienne et la région du golfe Persique pourrait avoir une ascendance sur ces deux empires rivaux (la Russie et la Chine), soit en bloquant leur expansion, soit en leur interdisant l'accès à des réserves pétrolières qui forment plus des deux tiers au monde. Les Américains s'activent dans cette région pour leurs propres besoins et pour ceux de leurs alliés asiatiques : le Japon et l'Inde. Toutefois, les pays européens eux aussi s'engagent dans un déploiement militaire qui leur assure un œil vigilant sur le cheminement du pétrole pour au moins les trois prochaines décennies (l'OTAN en Afghanistan). En ce sens, sans être l'unique facteur des rivalités, le pétrole, ainsi que les autres produits d'hydrocarbures, resteront des produits vitaux pour la bonne santé de l'économie mondiale et surtout celle des puissances industrielles, et ce pour encore plusieurs décennies à venir.

Objets de réflexions théoriques et idéologiques, ces guerres suscitent deux lectures méritant une mention particulière : la première, pessimiste mais avec une prétention réaliste, fait sienne la théorie du *choc des civilisations* de Samuel Huntington, alors que la seconde, optimiste et prospective, s'inspire de *la fin de l'histoire* de Francis Fukuyama. L'interprétation qui a dominé les dix dernières années, plutôt par son effet sensationnel que par son évidence et sa véracité, est celle du choc des civilisations ou guerre des religions. Samuel Huntington a le mérite de souligner la montée des extrémismes identitaires et religieux. Quelques réalités lui donneront raison, comme le 11-Septembre et d'autres événements. Il reste néanmoins que l'approche de cette dernière décennie n'a pas été monopolisée par la théorie du choc des civilisations. Il y a eu également celle du triomphe inéluctable du libéralisme, de l'idéal démocratique et des valeurs de la modernité prônée par Francis Fukuyama.

De plus en plus, toutes les cultures sentent l'obligation de se rattacher aux valeurs du siècle, ce qui explique cette lutte acharnée et non sans violence, au sein de chaque civilisation, culture et État autour de la modernité entre réformistes et intégristes. Les dangers de violence sectaire, ce ne sont pas seulement les massacres aveugles basés sur l'identité et sur l'acte de naissance d'une personne – ce qui est horrible en soi –, mais aussi la culture de la haine, de l'exclusion et de la diabolisation de l'être humain. Les guerres de religion ne peuvent pas se comprendre que par la présence d'un discours religieux qui les justifie ou les alimente. Leur raison d'être déborde la logique religieuse proprement dite. Par contre, il est difficile de les réduire à des guerres économiques, sociales ou socio-économiques sans en comprendre leurs motifs religieux.

Chercher des solutions à ces guerres sans le concours d'interprétations pacifiques des textes sacrés serait un effort futile. Par ailleurs, se concentrer uniquement et simplement sur le discours religieux pour mettre fin à cette violence religieuse nous priverait des moyens sociaux et économiques appropriés requis pour rétablir la paix et pour réconcilier les factions qui rivalisent et se confrontent.

Signes d'espoir pour une nouvelle humanité !

Ceci étant considéré, un optimisme béant ou un pessimisme sournois n'aide guère à déceler les fortes tendances qui pourraient mettre fin aux fléaux de la guerre. C'est pourquoi on peut dire en bref ce qui suit :

– Les guerres sont confinées ou, du moins, elles ne sont pas mondiales ! D'ailleurs, l'effondrement de l'Union soviétique s'est passé sans bris de la trêve nucléaire et sans engagement militaire malgré l'équilibre de la terreur et la dissuasion mutuelle.
– L'être humain est de plus en plus conscient de l'unité du destin du monde. Même si nous n'en sommes pas arrivés à un niveau de pacifisme imposant, la guerre suscite plus de mépris que d'enthousiasme. Par contre, cette situation n'est pas équitablement répandue dans tous les coins de la terre et dans toutes les cultures et idéologies rivales.

Enfin peut-être, et par réalisme surtout, il faut s'accrocher à cette phrase proverbiale de Karl Marx : « L'Humanité ne pose que les problèmes qu'elle est capable de résoudre. » Ainsi, la paix démocratique pourrait être une nouvelle utopie et une plus grande expansion de celle-ci aurait pour effet d'amortir les tendances belliqueuses et d'accentuer les efforts de résolution des conflits sans recours à la violence.

Autre signe d'espoir : la confiance que le commerce équitable et l'ouverture à l'échange pourraient adoucir les mœurs et permettre un dialogue d'égal à égal et non de dominant à dominé. Au sein de chaque société et de chaque culture, il y a une volonté sincère et ouverte vers une humanité solidaire et non pas conflictuelle.

POUR CE NOBLE OBJECTIF, LES NATIONS UNIES RESTENT UN FORUM PRIVILÉGIÉ.

UN HORIZON PROMETTEUR ? SOUHAITONS-LE ET ENGAGEONS-NOUS POUR L'ATTEINDRE !

of great empires, particularly the ambitious Red Dragon, waiting to come into its own as a dominant force, and the Russian empire, nostalgic for its glory days.

The American empire, meanwhile, has the Greater Middle East in its sights. Its strategists are well aware that whichever power dominates the region between the Caspian Sea and the Persian Gulf stands to gain a considerable advantage over these two rival empires (Russia and China), whether by thwarting their expansion or by denying them access to oil reserves that account for two-thirds of the world supply. American intervention in the region is driven by American needs and those of its Asian allies, Japan and India. Nevertheless, European nations too have engaged in a military ratcheting-up aimed at keeping a close watch on the flow of oil for, at minimum, the next three decades (witness the NATO presence in Afghanistan). Without being the sole factor underlying these rivalries, oil, then, as well as other petroleum derivatives, will remain vital to the health of the world economy and certainly to that of the industrialized powerhouses, and for many decades to come.

These wars lend themselves to much theoretical and ideological analysis. Two viewpoints in particular are worthy of special mention: the first, pessimistic but leaning towards realism, draws upon the theory of the *clash of civilizations* espoused by Samuel Huntington, while the second, optimistic and forward-looking, is inspired by Francis Fukuyama's *end of history*. The reading which has gained the more widespread acceptance these past ten years, albeit more for its sensationalism than for its basis in fact, is that of the clash of civilizations, or religious war. Huntington deserves credit for emphasizing the importance of the rise of identity-based and religious extremism. Some developments have lent credence to his argument, namely 9/11 and other events. Nevertheless, these past ten years have not been monopolized by the clash-of-civilizations mindset; they have also seen the unavoidable triumph of liberalism, of the democratic ideal, and of the values of modernization put forward by Fukuyama.

All cultures feel an increasingly urgent need to embrace the values of their times. This explains the fierce and relentless fight, not without violence, between reformists and fundamentalists within each civilization, culture and state over modernity. The dangers of sectarian violence are not limited to the reckless massacres based on an individual's identity and characteristics— which are horrible enough—but speak to the insidious culture of hatred, exclusion and diabolization of one's fellow man. Religious war finds its rationale only in a religious discourse which fuels or glorifies it. This rationale is not "rational" at all, going beyond religious logic as such. Yet, one is hard-pressed to discount such wars as being driven merely by economic, social or socioeconomic factors without understanding their religious underpinnings as well.

Seeking to end these wars without looking to pacifistic interpretations of the world's sacred texts would be a futile exercise. Similarly, to focus on the problem of religious violence exclusively through the simplistic lens of religious discourse would deprive us of the socioeconomic tools with which to establish peace and to reconcile the warring factions.

Signs of hope for a more peaceful world!

All this being taken into consideration, neither wide-eyed optimism nor gnawing pessimism will help discern the paradigm shifts that could eradicate the scourge of war. In light of this, we may say that:

– Wars are confined or, at least, not global! Indeed, consider that the collapse of the Soviet Union occurred without breaching the Nuclear Non-Proliferation Treaty and with no military engagement, despite a backdrop of balanced terror and mutual dissuasion.
– We as humans are increasingly cognizant of our shared destiny on this planet. Even though there are many inroads yet to be made in advancing the cause of peace, it is a fact that war stirs up more scorn than enthusiasm, though this is not uniformly the case throughout the world and among all competing cultures and ideologies.

In the final analysis, and to be realistic, perhaps we should take heed of this adage by Karl Marx: "Mankind always sets itself only such tasks as it can solve." Thus, peace through democracy may be the new utopia and the greater spread of such peace may well dampen the rush to war and promote an approach based on non-violent resolution of conflicts.

Another positive sign: the hope that fair trade and free trade may contribute to ease tensions and foster a dialogue betweens equals rather than between the powerful and the powerless. All societies, all cultures and all peoples have a sincere desire to stand together with their fellow brethren, not apart.

THE UNITED NATIONS REMAINS A PRIVILEGED FORUM FOR THE PURSUIT OF THIS NOBLE AIM.

A PROMISING OUTLOOK? LET US NOT ONLY WISH IT SO, BUT WORK TO MAKE IT SO!

ATTENTAT # 10 DU 15 AOÛT AU 22 SEPTEMBRE 2005 AUGUST 15 TO SEPTEMBER 22, 2005

Dans le cadre de l'événement Débraye : voiture à controverse orchestré par la Fonderie Darling, le véhicule

As part of the Débraye : voiture à controverse event organized by Fonderie Darling, the Attack vehicle is displayed

Attentat est exposé à l'intérieur de ce centre d'arts visuels et l'ATSA crée Attentat # 10, un virus dans la

at the artist-run centre and ATSA creates Attack No. 10, a veritable virus unleashed upon the city! Nearly 350

ville ! Près de 350 citoyens deviennent « brigadiers » volontaires et émettent les 10 000 constats d'infrac-

citizens become volunteer sergeants for a day and hand out 10,000 citizen parking tickets. Serially numbered

tion citoyenne. Numérotés individuellement et identiques aux constats émis par la Ville de Montréal, ils ciblent

and identical to those issued by the Ville de Montréal, the tickets target gas-guzzling over-sized vehicles, engine

les véhicules surdimensionnés à consommation excessive, la marche au ralenti, les démarreurs à distance et le

idling, remote engine starters and poor vehicle maintenance by owners. Each ticket is produced in triplicate to

mauvais entretien des véhicules. Chaque contravention est reproduite en trois copies carbones et a une fonction

fulfill three precise functions: to be issued to a contravening vehicle; to be displayed at the Fonderie Darling; and

précise : être attribuée à un véhicule en délit, être exposée à la Fonderie Darling et être remise au comité exécutif

to be submitted to City Hall's executive committee. Through this intervention, ATSA fashions all at once an art

de la Ville de Montréal. Par ce geste, l'ATSA crée à la fois un objet d'art, un outil de sensibilisation citoyenne et

object, a tool for raising citizen awareness, and a means of applying political pressure.

un moyen de pression politique.

Attentat # 10 a été présentée à Montréal, à Ottawa (Galerie Saw), à Toronto (YYZ Artists' Outlet), à Calgary (High Performance Rodeo) et à Vancouver (Vancouver Art Gallery) *Attack No. 10* has been presented in Montreal, Ottawa (Galerie Saw Gallery), Toronto (YYZ Artists' Outlet), Calgary (High Performance Rodeo) and Vancouver (Vancouver Art Gallery).

NOTRE DÉPENDANCE AU PÉTROLE. TOUT LE PROBLÈME EST LÀ, N'EST CE PAS ? L'UNE DES SOURCES PRINCIPALES DE NOS CONFLITS, DE LA POLLUTION, DU RÉCHAUFFEMENT

on a même reçu une enveloppe avec de la farine comme si c'était de l'anthrax...

STEVEN GUILBEAULT Membre fondateur d'Équiterre, Steven Guilbeault s'intéresse aux changements climatiques depuis 1994 et a été responsable de plusieurs campagnes relatives à ce dossier chaud. Il a coordonné la campagne Climat et énergie pour Greenpeace pendant dix ans et a été directeur du bureau de Greenpeace au Québec pendant sept ans. Il est actuellement chroniqueur pour plusieurs médias dont le journal *Métro*, *Transcontinental*, la revue *Corporate Knights* et *Voir*, en plus d'avoir été chroniqueur pour *La Presse*, Radio-Canada, Radio-Énergie et TVA. Il est membre du comité consultatif de Cycle Capital Management et du conseil d'administration de l'Agence de l'efficacité énergétique du Québec. M. Guilbeault a participé à la majorité des rencontres internationales de l'ONU sur les changements climatiques. Il est l'heureux père de trois enfants. A founding member of Équiterre, Steven Guilbeault has been interested in climatic changes since 1994; he was responsible for several campaigns on that hot topic. He has coordinated the *Stop climate change* campaign for Greenpeace during ten years, and has directed the Quebec office for Greenpeace during seven years. He is presently a columnist for several medias, including the newspaper *Métro*, *Transcontinental*, the magazine *Corporate Knights* and *Voir*, in addition to *La Presse*, Radio-Canada, Radio-Énergie and TVA. He is a member of the advisory committee for Cycle Capital Management and sits on the board of directors of the Agence de l'efficacité énergétique du Québec. Mr Guilbeault has participated in most of the UN international meetings on climatic changes. He is the happy father of three children..

CLIMATIQUE,

de la crise alimentaire... Nous sommes pris dans un engrenage, un cercle vicieux d'habitudes dont il est bien difficile de se défaire. Et pour alimenter ce besoin, l'industrie automobile met le paquet, prête à nous vendre des idéaux auxquels bien des gens aspirent : la liberté, la puissance, la tranquillité et même le sex-appeal...

Depuis la fin de la Seconde Guerre mondiale, la voiture occupe une place privilégiée dans nos vies. Difficile de faire autrement. Tout a été conçu en fonction ça : l'aménagement de nos villes, le développement des banlieues, les plans de transport, etc. Il s'agit sans l'ombre d'un doute de l'un des moyens de transport les plus pratiques, rapides, qui offre une énorme liberté à son utilisateur.

Une tendance semble pourtant se dessiner : ces avantages sont de moins en moins vrais. L'augmentation de la circulation – il y a quand même 100 000 voitures de plus sur les routes du Québec chaque année – oblige les conducteurs à établir leurs horaires pour éviter les heures de pointe, la congestion sur les ponts, pour trouver du stationnement, etc. Pouvons-nous vraiment parler de liberté lorsque 27 % des travailleurs au Québec passent plus d'une heure et demie à voyager dans leur voiture tous les jours[1] et que l'engin nous coûte en moyenne 9 000 $ par année[2] ? Sans compter le stress lié à tout ça...

Des interventions orchestrées, comme *Attentat # 10*, sont justement là pour nous faire réaliser à quel point tout notre mode de vie tourne autour de ce moyen de transport. Faut-il le rappeler, l'espace dédié à la voiture occupe 40 % de l'espace urbain (routes, autoroutes, stationnements, etc.). Or, face au transport, nous sommes devant un problème à la fois de technologie et de comportement humain. Nous utilisons des voitures très inefficaces et énergivores, et nous faisons un mauvais usage de cette mauvaise technologie. Si les solutions technologiques et réglementaires (voitures hybrides, électriques, les standards californiens) peuvent certainement s'attaquer à l'aspect technologique du problème, que faire cependant du problème humain ? La contravention de l'ATSA était un outil s'attaquant précisément à ces problèmes de comportement : voitures surdimensionnées, démarreur à distance, marche à l'arrêt, etc. Autant de comportements individuels qui ont des impacts sur l'ensemble de nos collectivités. Au-delà des lois, des règlements et de la technologie, *Attentat # 10* ramène l'individu au centre de l'action collective.

Ces activités de sensibilisation, qui mettent le citoyen au cœur du débat, nous permettent d'utiliser de nouveaux codes et un nouveau langage pour faire passer des messages très précis, qui nous remettent en question avec une certaine dose d'humour et d'autodérision.

Des changements en profondeur sont en train de s'opérer, bien malgré nous, venant bousculer nos habitudes, nous obligeant à réviser nos besoins et à prendre conscience de l'impact de chacun de nos gestes. Le réchauffement climatique figure à mon avis tout en haut de la liste. En tant qu'Occidentaux et donc principaux responsables de ce phénomène, nous ne pouvons

ATTACK NO. 10 Our enslavement to oil. The root of our woes, as it were. A chief cause of war, pollution, climate change, food crises, and so on. We are caught in a vicious cycle of ingrained consumption habits from which it is difficult to wean ourselves. To feed this need, Big Auto spares no effort to sell us ideals that any reasonable person aspires to: freedom, power, peace of mind, even sex appeal.

Since the end of World War II, the automobile has maintained an ubiquitous presence in our lives and in our collective imagination. Consider how everything has come under the compass of this motorized miracle: the planning of our city centres, urban sprawl, public transit policy, and so on. The automobile undeniably remains one of the most practical and rapid forms of transportation, one which allows us to enjoy an enormous degree of autonomy and freedom.

However, a dark cloud looms on the horizon and these benefits are no longer as absolute as they once were. Increases in road traffic—to the tune of 100,000 additional cars hitting the pavement each year—is forcing drivers to schedule their lives in order to avoid rush hour gridlock and to maximize their chances of finding parking. Can one truly speak of freedom when 27% of Quebecers spend over 1.5 hours daily commuting to work[1] and when the cost of owning a car is, on average, $9,000 annually?[2] Factor stress into the equation (road rage, anyone?) and the appeal of the automobile is further diminished.

Coordinated interventions such as *Attack No. 10* find their *raison d'être* in making us aware of just how much our lifestyle is auto-centric (pun intended). Consider, for instance, that space reserved for automobiles (roads, highways, parking, and so on) takes up 40% of the entire urban landscape! It readily becomes apparent that in the realm of transportation, we face not only a technological challenge but a behavioural one as well. The cars we drive are highly inefficient and fuel-hungry to begin with; we then compound the problem by making poor choices regarding the use of this far from perfect technology. While technological and regulatory solutions (such as hybrid cars, electric cars, and the adoption of stringent, California-style standards) definitely hold promise for remedying the technological aspect of the problem, what is to be done with its human element? ATSA's ersatz parking ticket was designed precisely to tackle our obstinate behaviours head on. Oversized cars, remote starters, unnecessary idling—all manifestations of personal behaviours and choices having a cumulative impact on our communities and the planet—were the *Attack's* targets of choice. Moving beyond considerations of legislation, regulation and technology, *Attack No. 10* put the individual at the heart of collective action efforts.

Such awareness-building activities are intended to put citizens right where they should be, at the heart of the societal debate. Through their own particular idiom, these activities communicate very specific messages, messages which question our established patterns in a humorous, self-deprecating manner.

Profound changes are afoot which, in spite of our resistance, will upset our habits and force us to reconsider our needs and to become aware of the repercussions of each of our actions. Among these changes, global warming is, in my view, at the very

mais qui veut donc Gazprom dans sa cour ?

faire fi du transport et devons nécessairement agir pour réduire au maximum les émissions liées à ce secteur.

Ensuite, avec le prix du baril de pétrole qui atteint des sommets inégalés jusqu'à présent et qui n'a pas fini de grimper, l'utilisation de la voiture deviendra, pour la majorité d'entre nous, un luxe… La tendance se reflète déjà aux États-Unis où les ventes de VUS sont à la baisse.

Au Québec, nous sommes très conscients de ces bouleversements. La situation du climat est généralement bien acceptée, quoiqu'il existe toujours une certaine confusion sur les éléments précis de la problématique, et nous semblons même assez disposés à faire les changements qui s'imposent. Je le maintiens : le Québec est le premier État en Amérique du Nord à avoir adopté une taxe sur le carbone ; nos objectifs d'efficacité énergétique sont passés de 0,7 TWh en 2003 à 11 TWh pour 2010 (l'équivalent de deux centrales du Suroît) ; nous allons adopter sous peu les standards de la Californie, etc. Cependant, les décisions de nos élus nous font vivre des situations tout à fait paradoxales qui démontrent à quel point certaines habitudes sont difficiles à changer.

La Ville de Montréal est un excellent exemple. Des initiatives tout à fait louables ont été entreprises, comme l'annonce du nouveau plan de transport en mai 2007 où le développement des modes de transport actifs et alternatifs est à l'honneur ; les projets de piétonisation de certaines artères ; la proposition de réduire la vitesse dans les rues résidentielles, passant de 50 km/h à 40 km/h. Par contre, certains projets vont à l'encontre des objectifs visés, comme le développement de la rue Notre-Dame en autoroute à huit voies et une extrême lenteur dans les processus décisionnels pour mettre en pratique le fameux plan de transport.

Du côté du gouvernement du Québec, certaines incohérences s'observent également. Les politiques du Québec en matière d'environnement, tels l'adoption de la norme californienne pour les véhicules, le plan de lutte aux changements climatiques, l'engagement du gouvernement à respecter les objectifs de Kyoto, nous ont valu les éloges de la communauté internationale et font de nous des leaders dans ce domaine en Amérique du Nord. Ces efforts sont cependant diminués par des projets d'agrandissement d'autoroutes et des solutions peu adaptées aux besoins d'aujourd'hui qui témoignent de notre difficulté à nous débarrasser de nos méthodes de développement datant d'une autre époque. La comparaison entre les budgets alloués aux routes et ceux prévus pour les transports collectifs illustre bien cette dichotomie puisque nous investissons toujours cinq fois plus pour les infrastructures routières que pour le transport en commun.

Ces contradictions sont pourtant loin d'être décourageantes. Les temps changent et nous n'allons pas tous au même rythme. Les villes ont émis récemment la volonté de voir réduite la place des voitures. Cette décision rendue publique par l'Union des municipalités du Québec témoigne bien du changement qui est en train de s'opérer. On ne pouvait pas demander mieux. Quand une déclaration est le fruit d'un consensus entre 275 villes, on peut vraiment se permettre de demeurer optimiste.

Seule ombre au tableau, et vous l'aurez devinée, le fédéral. Toutes les politiques envisagées par les Conservateurs laissent

top of the list. As Westerners, and therefore as the main parties responsible for the phenomenon, we cannot ignore the climatic effects attributable to the transportation sector, and must act to curb its emissions to the greatest possible extent.

With the price of crude oil soaring to successive records with no end yet in sight, the automobile will certainly become, for most of us at any rate, a luxury item. This can already be seen in the United States, were SUV sales are declining.

Quebecers are well aware of these profound shifts. Climate change is generally accepted as a reality, even if its precise workings are not always understood, and we are fairly willing to do what it takes to improve the situation. It bears repeating that Quebec is a front-runner in the environmental field: the first province or state in North America to implement a carbon tax; energy efficiency targets moved from 0.7 TWh in 2003 to 11 TWh for 2010 (the equivalent of two Suroît-style power generating plants); its imminent adoption of California's environmental standards, and so on. However, our elected officials have been sending us mixed messages that show just how hard old habits do die.

The Ville de Montréal is a fine example of such see-sawing by the authorities. Commendable initiatives have been undertaken, such as the unveiling of a new transportation plan in May 2007 which emphasized the development of alternative and healthy modes of transportation, the conversion of certain arteries into pedestrian zones, and proposals to reduce the speed limit in residential neighbourhoods from 50 to 40 km/hr. On the other hand, certain things run counterintuitive to our stated objectives, such as the proposed transformation of Notre-Dame Street into an eight-lane highway and the sluggish inertia of the decision-making process at City Hall, which seems to have turned the implementation of the famous transportation plan into a bureaucratic quagmire.

At the provincial level, the Government of Québec too has been inconsistent. Québec's environmental policies, such as the adoption of California standards for vehicles, our climate change strategy, and our commitment to Kyoto targets, have garnered praise abroad and made us a North American environmental leader. Our efforts, however, are diminished by highway expansion projects and by solutions ill-adapted to today's needs, which reflects our difficulty in replacing outdated development paradigms. This dichotomy becomes apparent when one compares provincial budgets allocated for road work and those funds allocated to public transit: even today, we still invest five times more in road infrastructure than in public transit.

Still, these contradictions are far from discouraging. Times are changing, but we do not all move at the same pace. Our cities have recently expressed the will to reduce the proportion of the urban landscape taken up by automobiles. The decision, announced by the Union des municipalités du Québec, is a clear and welcome signal of the change going on. Indeed, as it constitutes a consensus of 275 cities, there is ample cause for optimism.

The only shadow on the horizon, as one may well expect, is the federal government. All of the Conservatives' policies would have us anticipate the worst possible scenario. Consider their track record to date: a refusal to implement a carbon tax and thus to accept the logical and generally accepted principle

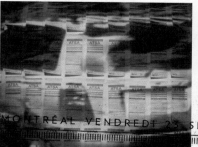  

LA PRESSE MONTRÉAL VENDREDI 23 SEPTEMBRE 2005

L'ATSA a collé 10 000 contraventions vert

YLVIE ST-JACQUES

J'ai voulu donner une contra-
ention au propriétaire d'une
adillac Escalade. Il m'a répon-
u que les 688 000 $ qu'il avait
yés en impôts l'année dernière
utorisaient à posséder, s'il le
ulait, un véhicule 40 fois plus
os que le sien et de polluer à
guise », raconte Jean-François
lvain.

ier après-midi, au cours d'une
nférence de presse à la Fonderie
rling, M. Sylvain a été déclaré
ampion des « brigadiers » vo-

lontaires du projet Attentat #10 de
l'Action terroriste socialement acceptable (ATSA). Le brigadier
modèle a collé 300 des 10 000
constats d'infraction citoyennes
dévoilées sur les murs de la Fonderie Darling, dans le cadre de
l'exposition *Débraye : Voitures à
controverse*. À l'occasion de la Journée
sans voiture, l'ATSA en a profité
pour remettre une copie de chaque contravention à Alan De Sou-
sa, responsable du développe-
m e n t d u r a b l e e t d u
développement économique de la
Ville de Montréal.

Le 15 août 2005, l'ATSA, fondée
par les artistes Pierre Allard et
Annie Roy, avait fait appel aux citoyens pour son projet de contraventions « vertes », qui ciblaient
les véhicules surdimensionnés à
consommation excessive, la marche du moteur à l'arrêt, les démarreurs à distance et le mauvais entretien des véhicules. Trois cent
cinquante Montréalais se sont
portés volontaires pour réprimer
der les comportements polluants.
Conformément à la philosophie
de l'ATSA, la remise des constats
d'infraction s'est déroulée sans

bagarre ni vandalisme. Mais
gadiers ont exprimé leurs
tions en inscrivant sur les
ventions des commentaires te
« véhicule utilitaire énergivor
« tannés de se faire gazer ».

« Ce projet nous a perm
conclure que 95 % des ger
ont un VUS n'en ont pas b
On n'excuse pas ceux qui se
fient en disant qu'ils on
grosse famille. Et à ceux q
sent qu'un tel véhicule leur e
dispensable parce qu'ils tire
hors-bord, on suggère de ch
de sport ! » a lancé Annie Ro

*✳ les gens allaient payer leur
tickets au poste de police et à
la cour municipale ...*

présager un véritable fiasco. Entre le refus d'appliquer la taxe
sur le carbone et d'accepter ainsi le principe logique du pollueur-
payeur, l'abandon des subventions aux acheteurs de voiture à
faible consommation, l'investissement massif dans les agro-
carburants comme l'éthanol-maïs, les subventions aux pauvres
compagnies pétrolières pour qu'elles puissent développer de
nouvelles technologies afin de capter le carbone et, enfin, pour cou-
ronner le tout : la tentative de sabotage du processus de négociation
à Bali, vraiment, c'est difficile d'en faire moins pour la planète...

Le rôle des ONG, des organismes indépendants ou des collectifs d'artistes comme l'ATSA revêt une importance primordiale
pour des enjeux aussi fondamentaux. Nous avons besoin de cette
critique sociale et constructive, menée de façon originale et
créative pour nous faire réaliser tout le pouvoir que nous avons
en tant que citoyen et aussi qu'il n'y a certainement pas lieu
d'attendre qu'on nous impose des sanctions pour faire bouger
les choses.

of pay-as-you-pollute; the slashing of subsidies for buyers of
fuel-efficient cars; massive investment in agrofuels such as corn
ethanol; subsidies to our beloved, cash-strapped oil companies
to help them develop new carbon capture technologies; and
the crowning achievement of the Harper administration, its
attempts to sabotage the negotiation process in Bali. One would
truly be hard-pressed to do less for the planet.

The role played by NGOs, independent bodies, and artist
collectives such as ATSA is a crucial one in the face of such high
stakes. We need the constructive social criticism they provide,
delivered in original and creative formats, to make us realize
just how much power we as citizens wield—and that, in the final
analysis, there is nothing stopping us from moving forward on
these issues even in the absence of official leadership.

1. http://www.statcan.ca/Daily/Francais/060712/q060712b.htm
2. http://www.equiterre.org/transport/tranportez/trousseCocktail.php

1. http://www.statcan.ca/Daily/Francais/060712/q060712b.htm
2. http://www.equiterre.org/transport/tranportez/trousseCocktail.php

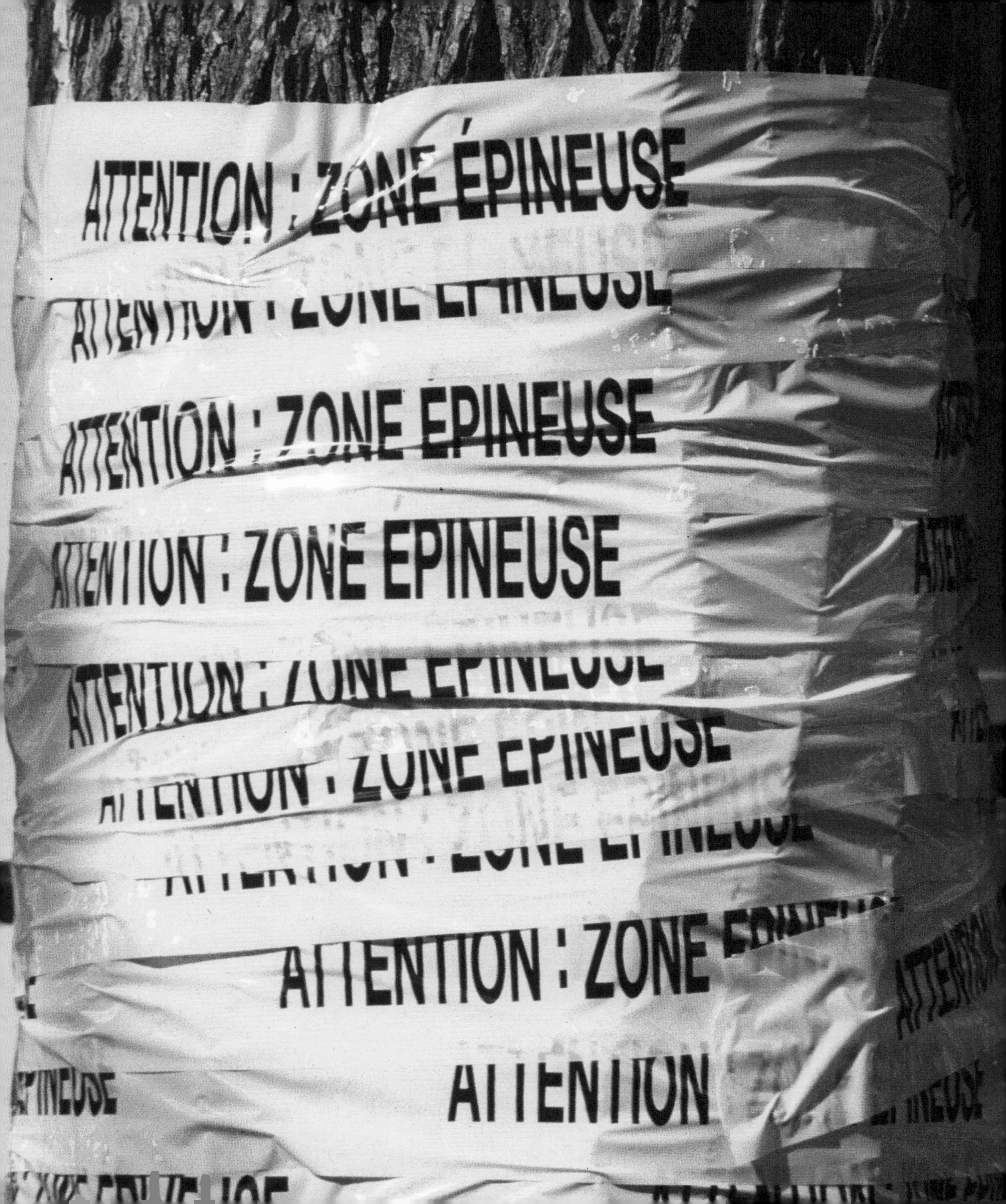
ATTENTION : ZONE ÉPINEUSE
ATTENTION : ZONE ÉPINEUSE
ATTENTION : ZONE EPINEUSE
ATTENTION : ZONE
EPINEUSE
ATTENTION

ATTENTION : ZONE ÉPINEUSE DU 5 AU 15 OCTOBRE 2002 OCTOBER 5–15, 2002

Une promenade attentive sur le mont Royal sensibilise le public à la précarité des patrimoines écologiques que

A thoughtful stroll on Mount Royal raises public awareness of the precariousness of the ecological treasures

sont les arbres, la forêt et la montagne. Des centaines d'arbres sont emballés, reflétant d'un même geste leur

that are our trees, forests and mountains. Hundreds of trees are wrapped, a gesture signifying at once both their

condamnation et leur sacralisation. La signalisation routière en jaune, indiquant un danger, attire l'attention sur

condemnation and sacralization. The yellow street signage connotes danger and attracts our attention to a threate-

une forêt menacée... Elle guide les pas du promeneur en six stations évocatrices. Ces installations sont situées

ned forest. It guides the visitor to six evocative stations, located at Beaver Lake (theme: flooding), around the statue

au lac aux Castors (Inondation), aux abords de la statue de l'Ange (Coupe à blanc), sur le belvédère Camilien-

of the Angel (clear cutting), on the Camilien Houde lookout (reflection or view?) and its adjacent paths (dumps),

Houde (Le reflet ou la vue) et les sentiers adjacents (Dépotoirs), aux sommets (Intégrité du paysage) et sur le

at the peaks (integrity of the land), and along Mont-Royal Avenue (urban sprawl). An accompanying soundtrack

sentier de l'avenue Mont-Royal (Étalement urbain). Une bande sonore rend les témoignages de cinq personnalités

features testimonials from five people of different ethnicities. Special thanks to Wajdi Mouawad, Michel Mpambara,

issues de cultures diverses. Merci à Wajdi Mouawad, à Michel Mpambara, à Paulo Ramos, à Milton Tanaka et à

Paulo Ramos, Milton Tanaka and Kim Yaroschevskaya for lending their voices to the trees of the world.

Kim Yaroschevskaya qui ont prêté leurs voix aux arbres du monde.

Attention : Zone épineuse est un projet spécial, présenté à l'occasion de l'Année internationale de la montagne décrétée par l'ONU.

Attention : Zone épineuse is a special project staged within the framework of UN's International Year of the Mountain.

LA CROISÉE DES CHEMINS

ÇA SE PASSE IL Y A QUELQUES ANNÉES, DANS LE BOUT DE ROLLET, EN ABITIBI. UNE FORÊT PUBLIQUE, ÉVIDEMMENT « CAAFÉE », C'EST-À-DIRE LIVRÉE À L'EXPLOITATION INDUSTRIELLE POUR ALIMENTER UNE GROSSE

LOUIS HAMELIN Louis Hamelin a vécu en Gaspésie, à Vancouver, à Montréal et en Abitibi. Après des études en biologie, il pratique divers métiers (reboiseur, agronome, naturaliste-interprète, chercheur en laboratoire) avant de publier son premier roman, *La Rage*, qui obtient le prix du Gouverneur général en 1990. Il est l'auteur de cinq autres romans, dont *Cowboy* (1992), *Le Soleil des gouttes* (1996) et *Le joueur de flûte* (2001), et d'un recueil de nouvelles (*Sauvages*, 2006). Dernière parution : *L'humain isolé* (2006). Ex-membre du conseil d'administration de l'Action Boréale, engagé dans la protection des forêts anciennes avec le groupe ÉcoInitiatives, il est aussi critique de littératures américaines au journal *Le Devoir*.

Louis Hamelin has lived in the Gaspé region, in Vancouver, Montréal and in the Abitibi. After studying biology, he did all sorts of jobs (tree planter, agronomist, naturalist-interpreter, lab researcher) before publishing his first novel, *La Rage*, which received a Governor General Literary Award in 1990. He has written five other novels, including *Cowboy* (1992), *Le Soleil des gouttes* (1996), *Le joueur de flûte* (2001), and a collection of short stories (*Sauvages*, 2006). His last publication: *L'humain isolé* (2006). A former director of the board of Action Boréale, engaged in the protection of heritage forest with the group ÉcoInitiatives, he is also a critic of American literatures at newspaper *Le Devoir*.

SCIERIE DE LA RÉGION.

Nous étions deux écolos de l'Action Boréale, guidés par un responsable des relations publiques et une biologiste de la compagnie Tembec, vers un de leurs « bébés » : une forêt exploitée en métayage par une minuscule entreprise familiale du coin. « Métayage » est, à mon goût, un bien plus beau mot que « sous-contrat ». C'est une des rares fois dans ma vie où j'ai vu une forêt publique sous récolte qui ne donnait pas l'impression d'avoir reçu trois ou quatre bombes atomiques. Pendant plus d'une heure, nous avons roulé sous un couvert forestier continu, mettant pied à terre çà et là pour marcher dans les ornières creusées par l'abatteuse dont les opérations sélectives se remarquaient à peine au premier coup d'oeil. Dans les flaques de boue, nous mêlions nos empreintes aux grosses parenthèses des orignaux. C'était le meilleur des deux mondes : un domaine public géré comme un boisé privé, au bénéfice d'une des grandes forestières du pays. Trop beau pour être vrai, donc. Et la question soulevée dans tout cerveau le moindrement idéaliste par la vue de cet écosystème capable de continuer d'accomplir ses fonctions de délicate horlogerie vivante tout en fournissant son lot de fibre et de cellulose au commerce (pourquoi serait-il impossible de généraliser ce mode de tenure pour l'instant expérimental?) était aussi évidente que la réponse était prévisible : simple question de rentabilité, voyons.

Aujourd'hui, sur fond d'effondrement de tout un secteur de l'économie québécoise, je suis tenté de formuler la question autrement : puisque le système actuel, comme peuvent nous l'apprendre quinze secondes de n'importe quel discours de Guy Chevrette, est en train de faire la preuve éclatante de sa non-rentabilité, et s'il faut absolument choisir entre deux formes de « non-rentabilité », pourquoi ne pas opter pour celle qui va assurer, en plus du maintien et du renouvellement de la ressource, sa prise en charge par les communautés locales, la protection du milieu pour les usages récréatifs et les productions alternatives, et l'engagement des nations autochtones dans l'aménagement du territoire? Ultimement, il pourrait s'agir de trancher entre deux formes de rentabilité : l'une qui concerne le portefeuille des actionnaires du madrier, du papier et du carton à Toronto ou ailleurs, et l'autre qui a plus à voir avec le destin du Nord québécois et de ses habitants.

J'écris ceci deux jours après la grande scène de réconciliation du Sommet sur la forêt de Québec (10-11-12 décembre 2007). Si on s'en tient à la déclaration de principes, les conquêtes du camp environnemental sont impressionnantes : aires protégées, certification, diversification, gestion écosystémique, implication des Premières Nations ; l'industrie, aux abois, a lâché du lest sur à peu près tous les fronts. Huit ans après le salutaire électro-choc administré à la population québécoise par le film *L'Erreur*

AT THE CROSSROADS It happened a few years ago, somewhere in the vicinity of Rollet, in Abitibi. It was a public forest, visibly subject to industrial exploitation in order to supply a large sawmill operating in the region. There were two of us from Action Boréale, guided by a PR man and a biologist from the company Tembec toward one of their "babies," a forest exploited on a share-cropping basis by a small local family-owned business. It was one of the rare moments in my life when I saw a public forest under harvest that did not look like it had been blasted by a nuclear detonation. For over an hour, our vehicle rolled beneath a continuous forest canopy, our trek interspersed with periods of travel on foot in the ruts made by the mechanical tree feller, whose selective cutting was hardly perceptible at first glance. In the mud puddles, we superimposed our footprints onto the much larger ones of the moose. It seemed the best of both worlds: a public land managed like a private woodlot, for the benefit of one of the country's major forestry companies. In other words, too good to be true. Seeing this ecosystem still capable of accomplishing its delicate time-keeping chores while supplying its share of fibre and cellulose to commercial interests begged the question, Why couldn't we implement this type of tenure, experimental for the time being, on a grander scale? But the answer proved just as predictable: it's the economy, stupid.

Today, with the collapse of an entire sector of the Quebec economy looming, I am tempted to rephrase my original question as follows: since the current system is proving in spectacular fashion to be non-profitable—as any sound bite from a Guy Chevrette speech will impart to us—and if we are forced to chose between two forms of "non-profitability," why not choose the one that will ensure not only the maintenance and renewal of the primary resource but also its management by local communities, the protection of the land for recreational use and alternative exploitation schemes, and the coming on-board of our First Nations in land-use planning? Ultimately, it could come down to deciding whose bottom line we wish to privilege: that of the shareholders of lumber, paper and cardboard interests in their boardrooms on Bay Street, or that of Quebec's North and its inhabitants.

I write this two days after the great flourish of reconciliation witnessed at the Summit on the Future of Quebec's Forest Sector (December 10–12, 2007). Based on the declaration of principles alone, it would seem the environmentalists have made impressive breakthroughs: protected areas, certification, diversification, ecosystem management, First Nation involvement; the industry, its back against the wall, has yielded ground on just about every issue. Eight years on from the reality check and wake-up call to Quebecers that was the documentary *Erreur boréale*, Minister of Natural Resources Claude Béchard, all too glad to move on from the Mount Orford debacle, pronounced the very words environmentalists had long since despaired of hearing: "All cards are on the table." He then proceeded to declare the demise of the current forest management plan! Sweet music for the environmentalists, but a bitter pill for others: layoffs of FTQ workers, not to mention all the civil servants who had busied themselves over three years to water down the recommendations of the Coulombe Report and to freeze the government program for the creation of protected areas. For those people, to learn from

Devant les arbres emballés de
l'avenue du Parc, les gens appelaient
à la ville de peur qu'ils les coupent.

boréale, le ministre des Ressources naturelles, Claude Béchard, encore euphorique d'avoir respiré un air qui devait le changer du remonte-pente d'Orford, est arrivé avec la formule-choc que les écologistes n'attendaient plus : « Tout est sur la table. » Avant de décréter, dans la foulée, la mort du régime forestier actuel ! Du petit-lait pour les écologistes, mais une mixture un peu amère pour d'autres : travailleurs de la FTQ mis à pied, et ces fonctionnaires qui, depuis trois ans, se sont employés à filtrer les recommandations du rapport Coulombe et à geler le programme gouvernemental de création d'aires protégées. Pour ces derniers, apprendre, de la bouche de leur propre ministre, que « le régime forestier n'existe pas » (sic) a dû avoir l'effet combiné d'un coup de fouet et d'une bonne tape sur le nez. Mais soyons honnêtes : 1) ce n'est pas demain matin que les poids lourds chargés de billots vont cesser comme par magie d'empoussiérer les alentours des chemins de terre et des « autoroutes forestières » de l'arrière-pays ; 2) l'improbable convergence d'intérêts entre les ennemis d'hier (représentants de l'industrie versus groupes environnementaux, avec l'université dans le rôle du médiateur), qui est la grande surprise de ces deux jours de rencontre, permet de nourrir un optimisme nouveau, fondé sur une double promesse.

À court terme, d'abord. Ce serait vraiment trop bête de ne pas profiter de cette refonte annoncée du régime forestier pour en finir avec les fameux CAAF (Contrats d'approvisionnement et d'aménagement forestiers) dont le grand défaut était, comme leur nom l'indique, de lier les impératifs de l'aménagement du territoire aux activités de récolte du bois. Il en est résulté un mensonge d'un évident cynisme, dont quiconque a un peu fréquenté nos grands espaces depuis vingt ans a pu mesurer les effets assez souvent sinistres. À plus long terme, et en considérant le fait que les participants au sommet s'accordent sur l'objectif de doubler, au cours du prochain quart de siècle, la valeur économique de la forêt, on peut entrevoir rien de moins que la fin d'une véritable ère coloniale en ce domaine (de nos grands pins blancs à la flotte anglaise et de nos épinettes aux grands journaux de New York et de Boston), ère dont l'apogée fut la cession de la Côte-Nord à la multinationale ITT par Robert Bourassa. Autrement dit, il devient tout à coup possible d'imaginer que Québec inc. puisse, dans un avenir pas si lointain, cesser de se prendre pour une simple cour à bois des États-Unis.

Mais lorsque le Québec sera parvenu à enrayer, par une législation appropriée, la récolte industrielle intensive d'une partie significative de sa forêt, la lutte pour sauver l'intégrité de ce patrimoine ne sera pas terminée pour autant. La mécanisation des opérations de coupe date du début des années 1970, le régime forestier de 1986. Chasseurs, pêcheurs, amateurs de canot-camping et de randonnée pédestre ont donc eu droit à au moins deux décennies de sensibilisation à la défiguration systématique de leurs paysages préférés. Or, une seconde mécanisation, plus insidieuse encore, accompagne désormais l'autre, qui se trouve à lui ouvrir le chemin : celle des loisirs en forêt. Je sais bien que la motoneige existait avant l'an 2000, mais la vogue actuelle de ce « sport », couplée à la croissance fulgurante de l'omniprésent VTT dans la sphère récréative et à l'accessibilité accrue des territoires qui voient défiler bulldozers, abatteuses multifonctionnelles et grumiers, sont en train de modifier de manière irréversible

the mouth of their own minister that "the forest management plan is inexistent" (*sic*) must certainly have felt like the sky was falling down on them. But let's be honest: the big rigs packed full of lumber will not suddenly and magically stop raising up dust along the "forest highways" of the back country, while the improbable convergence of interests between yesterday's sworn enemies (industry representatives in one corner, environmental groups in the other, with the university as mediator), which came as a great surprise during these two days of meetings, gives rise to a fresh optimism, based on promises from both camps.

Let us consider the short term first. It would be monumentally foolish to not take advantage of the announced review of forest management practices to abolish those much-maligned timber supply and forest management agreements (CAAF), whose major flaw was, as the name hints, that they linked the imperatives of land-use management with the cross-purposes of wood harvesting; the result was nothing less than a shameless and cynical lie, whose effects, often disastrous, are readily apparent to anyone who has visited our great outdoors over the past 20 years. In the longer term, and in light of the fact that Summit participants have agreed to double, over the next quarter-century, the economic value of our forests, we can expect nothing short of the end of what has been a veritable colonial stranglehold in this sector (our majestic white pines gone to the English fleet, our spruce to the newspaper barons in New York City and Boston), which reached its apotheosis with the effective transfer of the North Shore to the multinational ITT under the watch of Premier Robert Bourassa. In other words, it is suddenly possible to imagine that Quebec Inc., in the not too distant future, will see itself as something other than the United States's lumber yard.

When Quebec will have successfully curbed, through appropriate legislative means, the intensive industrial harvesting of a significant swath of its forest, the struggle to safeguard the integrity of this precious heritage will not be over for all that. The mechanization of cutting operations dates back to the early 1970s, the forest management plan to 1986. Which means that hunters, fishermen, and canoeing, camping and hiking enthusiasts had at least two decades' worth of increased awareness of the systematic blighting of their favourite spots. Now, a second wave

l'empreinte humaine sur la forêt sauvage. Publicité, recherche de statut et instinct de domination s'allient pour techniciser toujours plus notre rapport à la nature et perpétuer tous azimuts le vieux rêve de conquête. Des choix douloureux pourraient s'imposer là aussi. Prenons la question du caribou forestier...

Le gouvernement a présentement en main un plan de redressement de cette espèce en déclin. Les fonctionnaires, représentants de l'industrie forestière, écologistes et universitaires qui ont conçu le document semblent d'accord sur un point : ces ruminants sont « très sensibles au dérangement, les sentiers de VTT et de motoneige ainsi que la villégiature ont sur eux des impacts radicaux » (L. G. Francœur, *Le Devoir*, 30/11/07). Conclusion ? Il faut, écrit Francœur, « malgré des coûts économiques et sociaux évidents, réduire la villégiature et les sports motorisés sur de vastes étendues ». Mais qui croit sérieusement qu'une société, capable de nier les droits de ses citoyens au nom du tourisme d'hiver et du moteur à deux temps, va risquer de se mettre à dos toute l'économie du Nord pour les beaux yeux d'un animal que la plupart des chasseurs, avec un mépris non dissimulé, s'accordent à juger stupide ? Ce cas, pour moi, est emblématique : si nous ne prenons pas bientôt la décision collective de commencer à limiter le pouvoir de dérangement d'une panoplie hyper-polluante de mécaniques-jouets, cessons au moins de nous montrer hypocrites et ajoutons tout de suite le caribou forestier à la liste toujours plus longue des êtres vivants que condamne notre irrémédiable envahissement des derniers îlots de paix ici-bas.

À l'heure où l'étalement urbain fait rage, force est de constater que le grand défi qui attend l'*homo silvaticus* québécois, en ce début de millénaire, est encore d'apprendre à vraiment habiter une forêt. Sans aller jusqu'à prôner le remplacement des vapeurs d'essence par une forme ou l'autre de spiritualité, on doit bien reconnaître que le grand enjeu de notre relation à ce monde vivant de moins en moins sauvage ne saurait être que d'ordre philosophique. Mélissa Filion, de Greenpeace, réclamant un moratoire sur les opérations de coupe en forêt boréale primaire à l'automne 2007 (un territoire correspondant en gros à celui du caribou forestier...), faisait remarquer que le mot « crise » vient du grec ancien *krinein,* qui signifie « croisée des chemins ». L'encre de la déclaration de Québec était à peine sèche que le ministre Béchard prévoyait déjà octroyer aux compagnies, grâce à une clause spéciale de sa Loi 39, le pouvoir discrétionnaire de raser les vieilles forêts, considérées ni plus ni moins que comme du bois mort par l'industrie ! Avancez en arrière, comme disait l'autre. Mais si le pire de la crise est devant nous, c'est là aussi que fourche le sentier. Autrement dit, Guy Chevrette avait raison, mais pour les mauvaises raisons : on n'est pas sortis du bois...

of mechanization, more insidious still, compounds the ravages wrought by the first, which has paved the way for it: the practice of powersports in the forest. I am well aware that the snowmobile was around before the year 2000, but the current rage for this so-called sport, together with the dazzling growth of the ubiquitous ATV in the recreational sector and increased access to land where bulldozers, multi-purpose cutters and timber carriers come and go, are irreversibly changing our ecological footprint on our wild forests. Advertising, the pursuit of social status, and the primitive instinct to dominate all combine to make our relationship with nature increasingly detached and to perpetuate age-old dreams of conquest. Painful choices may lie ahead there as well. Consider the plight of the woodland caribou.

The government presently has a plan for the recovery of this dwindling species. The civil servants, forest industry representatives, environmentalists and university researchers who had a hand in its development seem to agree on one point: these ruminants are, as writes L. G. Francœur in the November 30, 2007 edition of *Le Devoir*, "highly sensitive to disturbances" and "ATV and snowmobile trails as well as holiday resorts are having a radical impact on them." The recommendation put forth? According to Francoeur, we must "reduce the concentration of holiday resorts and the practice of motor sports over vast stretches of terrain, in spite of sure social and economic costs." But does anyone believe for one minute that a society that is capable of denying the rights of its own citizens in the name of winter tourism and of the joys of the two-stroke engine will risk upsetting the entire economy of the North over a cute animal that most hunters openly scorn as being stupid? I see this state of affairs as emblematic: if we do not as a society make the decision, and soon, to begin to limit the license to disrupt of a wide array of extremely polluting mechanical toys, let us at least drop all pretense, stop being hypocrites and add, right now, the woodland caribou to that ever-growing list of living beings condemned to extinction by our irreversible invasion of the last remaining havens of peace on our territory.

At a time when urban sprawl is at a high, it is all too clear that the great challenge before Quebec's *homo silvaticus* at the outset of this millenium remains that of learning how to truly inhabit the forest. Without going so far as to extol the virtues of foregoing our gasoline-fueled lifestyles for a more tranquil spiritual life, we still must acknowledge that the central issue surrounding our relationship with this decreasingly wild planet of ours is not merely philosophical. Greenpeace's Mélissa Filion, in demanding a moratorium on cutting operations in our primary boreal forests (a territory roughly corresponding to the woodland caribou's habitat), noted how the word *crisis* comes from the ancient Greek *krinein,* meaning "crossroads." The ink on Quebec's declaration had not yet dried before Minister Béchard was already speaking of granting companies, through a loophole in his Bill 39, the discretionary power to raze old-growth forests, considered by the industry as nothing more than deadwood! The expression that spontaneously comes to mind is "one step forward, two steps back." Or "the more things change, the more they stay the same." If the worst of the crisis lies ahead of us, therein too lies the fork in the road. Once again, Guy Chevrette said it best: we're not out of the woods yet.

CRÉDITS

ŒUVRES WORKS >>> p. 1 Œuvre de Mario Duchesneau et Urgence de l'ATSA pour ÉU 05 ■ p. 10.1 Carte postale du Musée d'art comptemporain pour l'exposition «De fougue et de passion» 1997 ■ p. 10.2 Dépliant de l'ATSA «La Banque à Bas» 1997 ■ p. 10.3 Sommet des Amériques ATSA 2001 ■ p. 17, 24, 120, 125, 139 Illustration d'orangetango ■ p. 36.1 Bateau-Bouteille de Pierre Bourgeault pour ÉU 06 ■ p. 42.6,7 Droit et Liberté de l'ATSA pour ÉU 02 ■ p. 43.4 Détail dépliant de l'ATSA ■ p. 44.3 La mise à nu de l'ATSA pour ÉU 05 ■ p. 44.8 Dream Listener de Karen Spencer pour ÉU 07 ■ p. 44.10 Emmurés de Palestine d'Armand Vaillancourt pour ÉU 08 ■ p. 45.4 Affiche d'orangetango ■ p. 54 Le Banque à Bas de l'ATSA 98 ■ p. 56.1 Mon corps mon atelier / Mon corps ton atelier de Sylvie Cotton pour ÉU 06 ■ p. 56.3 Squat de Mathieu Caron pour ÉU 06 ■ p. 56.4 Hypothèses d'insertions 2 de SYN pour ÉU 06 ■ p. 60 Le Tapis rouge de Jenna Mclellan pour ÉU 06 ■ p. 61.6 Cent Cœurs de Louise Dubreuil pour ÉU 05 ■ p. 73 Projection de Jimmy Lakatos ■ p. 100 Extrait du Frag 1192 ■ p. 114 Dessin des Trois Ours, Cécile Geiger 04 ■ pp. 114, 115 Carte postale de l'ATSA et participants 2006 ■ p. 137.3 Détail dépliant de l'ATSA ■ p. 144 Détail de Parc Industriel de l'ATSA 2001

GENS/ARTISTES PEOPLE/ARTISTS >>> p. 36.1 Marijo ■ p. 36.2 Geneviève Massé ■ p. 36.3 François Gourd ■ 36.4 Pierre Bourgeault ■ p. 42.4, 43.5 Ligue nationale d'improvisation ■ p. 42.9 Éliane Bonin des Walkyries ■ p. 43.1 Annie Roy ■ p. 43.3 Michel Creamer ■ p. 43.10 Stephane Crête et Nathalie Claude ■ p. 44.1 Martin Picard et Normand Laprise ■ p. 44.2 Walkiries ■ p. 44.4 Kumpania ■ p. 44.6 Eugénia Plouffe du Pied de Cochon ■ p. 44.7 Les Voix Ferrées ■ p. 44.9 Claudie Boulet et nos heureux bénévoles ■ p. 44.10 La Boutique du Conte ■ p. 45.1 Les Têtes Ailleurs ■ p. 45.2 Isabelle St-Pierre ■ p. 45.5 Xavier Caféine ■ p. 45.7 Les Feux Impatients d'André Pappathomas ■ p. 45.8 Sylvain Poirier ■ p. 45.9 Armand Vaillancourt et Toxique Trottoir ■ p. 45.10 Simon Bujold et Magnus Isacsson ■ p. 48 Isabelle Michon Campbell des Walkiries ■ p. 56.1 Sylvie Cotton ■ p. 56.2 École arc en ciel ■ p. 56.3 Mathieu Caron ■ p. 56.5 La Fanfare Pourpour ■ p. 56.6 Santiago Bertolino et Steve Patry ■ p. 61.1 Notre coiffeur officiel ■ pp. 65, 66 Participants ÉU 1999 ■ p. 70 Olivier Maranda et Étienne Grégoire ■ p. 93.3 Shanie, Annie et Carolo

PHOTOGRAPHES PHOTOGRAPHERS >>> Louise Archambault p. 55, 70 , 71.3 ■ ATSA p. 10, 20, 23, 25, 29, 42.2,3,4,5, 43.1,2,3,5, 54, 64, 65, 66, 76, 79, 82, 92, 93.1,3, 97, 105, 112, 113.2,4, 122.3,5,6,8, 123.1,2,4,5,6,8,9, 126, 131, 136.2, 138.1, 143 ■ Simon Bujold p. 116, 122.7, 123.7 ■ Réal Capuano p. 108, 113.1,2 ■ Batist Dhont Farcy p. 44.4,6 ■ Bo Huang p. 35, 93.2,4 ■ Bernard Jay p. 42.1 ■ Paul Litherland p. 71.1, 72.2,3 ■ Geneviève Massé p. 84, 86, 98, 104, 106, 132 ■ Martin Pelletier p. 72.1, 4 ■ David Pijuan-Nomura p. 26, 118, 122.4, 123.3 ■ Martin Savoie p. 1, 8, 13, 16, 33, 36, 42.6,8,9,10, 43.6,7,8,9,10, 44.1,2,3,5,7,8,9,10, 45, 48, 56, 57, 60, 61, 71.2,4, 73, 88, 91, 122.1,2, 136.1, 137, 138.2,3,4, 141, 144 ■ Luc Sénécal couverture arrière

MERCI

aux fabuleux artistes que l'on côtoie au fil des projets et particulièrement à l'*État d'Urgence*, à nos généreux et talentueux collaborateurs, à nos ami(e)s, la famille, Béatrice et Ulysse... Merci la vie! Our thanks to the inspiring artists we encounter through our projects, especially *État d'Urgence*. Thank you to our generous and talented collaborators, our friends and family, Béatrice and Ulysse... Thank you, Life!

www.atsa.qc.ca